AF286977

Liebe Blumenfreunde und ARD-Buffet-Fans,

eine Zuschauerin hat mir geschrieben und ihre Begeisterung für die Sendung so ausgedrückt: „Das ARD-Buffet ist für mich wie ein Mittagessen – ich genieße es regelrecht – und die Blumen sind dabei das Dessert." Ich freue mich sehr, dass Sie diese Nachspeise in gebundener Form in Händen halten. Denn Blumen machen glücklich, ohne auf die Hüften zu schlagen.

Im Alltag finden immer mehr Menschen einen Ausgleich beim Arbeiten mit Blumen. Sie genießen den kreativen Umgang mit dem gewachsenen Werkstoff, das Gestalten von ganz eigenen Kreationen. Was für viele von ihnen mehr als nur Hobby ist, ist für mich mehr als nur Beruf. Aus dieser Begeisterung heraus ist auch dieses Buch entstanden.

Was im Fernsehen immer so einfach aussieht, braucht schon etwas Vorbereitung und Übung. Aber oft sind es auch der richtige Tipp oder die Wahl der passenden Technik, die aus einer Idee ein blumiges Werkstück entstehen lassen. Die Werkstoffauswahl ist dabei nie an die gezeigten Blumen gebunden. Verwenden Sie, was gerade wächst oder im Blumenladen zu bekommen ist. Oder einfach Ihre Lieblingsblume.

Inhalt

Einleitung 6

Pfingstrose 10
Pfingstrosen (werfen sich) in Schale 14
Pfingstrosen im Herz 16
Pfingstlärche 18
Picknick am Gras 20
Blütenwelle 22

Rose 24
Der Beginn des Rosenjahres (Rosenkreis) 28
Das gebügelte Herz 30
Vom Zauber der Gartenrosen 32
Rosenkugel 34
Federleicht umkränzt 36

Lilie 38
Lilien-Barock 42
Zauberwald mit Lilie 44
Im Liliengarten 46
Herzsame & Lilie 48

Margerite 50
Ein liebes Frühlings-Orakel 54
Blüten-Vogel 56
Schlichte Eleganz 58
Eingemachte Blumen 60
Wiesenblumenkranz 62

Nelke 64
Grüner-Apfel-Strauß 68
Eine Runde durch den Bauerngarten 70
Bartnelkenherz 72
Nur Nelken! 74

Rittersporn 76
Einfach gekugelt 80
Himmelblau & Ruhmesrot 82
Sommer im Flieder 84
Rittersporn auf Sockel 86
Fontänenstrauß 88

Kornblume 90
Feldstrauß 94
Blütensalat 96
Wie gemalt 98
Korn und Blumen rosa 100

Gladiole 102
Schwertblumen 106
Gelegte Blumen 108
Eine Blume – viele Blüten 110
Glamelie 112

Hortensie 114
Maiglöckchenläuten 118
Blumige Verwandlung 120
Hymne an die Akelei 122
Blumen in Rhabarbertüten 124
Kreativ gerädert 126

Dahlie 128
Blütenfeuerwerk 132
Maisblattwabe 134
Dahlien auf Meerschaum 136
Dahlien am Zaun 138
Blüten-Wow 140

Register 142
Bildnachweis 144
Dank 144

VERLAGSGRUPPE PATMOS

PATMOS
ESCHBACH
GRÜNEWALD
THORBECKE
SCHWABEN

Die Verlagsgruppe
mit Sinn für das Leben

Für die Schwabenverlag AG ist Nachhaltigkeit ein wichtiger Maßstab
ihres Handelns. Wir achten daher auf den Einsatz umweltschonen-
der Ressourcen und Materialien.

2. Auflage 2015
www.thorbecke.de
Lizenziert durch SWR Media Services GmbH

Gestaltung: Finken & Bumiller, Stuttgart, Saskia Bannasch
Druck: Beltz Bad Langensalza GmbH, Bad Langensalza
Hergestellt in Deutschland
ISBN 978-3-7995-0594-9

HOLGER SCHWEIZER

Natürlich
Blumen!

NEUE FLORISTIK-IDEEN
AUS DEM ARD-BUFFET

Jan Thorbecke Verlag

Natürlich Blumen!

Wie kommt die blumige Idee in die Sendung – oder in dieses Buch? Oft steht die Auswahl der Blumen an erster Stelle. In diesem Buch stelle ich Ihnen zehn Blumen vor, welche ganz unterschiedliche Gestaltungsmöglichkeiten bieten. Die Gestaltung jahreszeitlicher Werkstücke gelingt am einfachsten mit regional angebauten Schnittblumen und Pflanzen. Heimisch produzierte Freilandware ergibt also nicht nur in ökologischer Hinsicht Sinn. Außerhalb des eigenen Gartens werde ich auf dem Blumengroßmarkt in Stuttgart bestens mit diesen Blumen versorgt. Dort habe ich auch die wunderschönen Freilandrosen der hier gezeigten Idee entdeckt. Dies ist der eine Weg, den „blumigen Gaul" aufzuzäumen.

Der andere ist der, dass eine Idee unbedingt aus dem Kopf auf den Bildschirm möchte. Dann suche ich dafür nach den passenden Werkstoffen, und nach und nach bekommt die Idee ein blumiges Gesicht – die Feinheiten entwickle ich manchmal erst morgens vor der Sendung.

Ich habe mich entschieden: Es wird eine rosige Gefäßfüllung. Die Redaktion weiß Bescheid, und für die Moderation habe ich auch eine kurze Information geschrieben.

Am Tag der Sendung packe ich morgens meine Blumen in große Wannen – ab ins Auto und auf nach Baden-Baden. Dort angekommen, verlade ich meine Ware auf einen Rollwagen und mache mich auf den Weg ins Studio. Dort sind schon die Kolleginnen und Kollegen aus der Moderation – heute ist Holger Wienpahl an meiner Seite –, außerdem Regie, Redaktion, Aufnahmeleitung, Kamera, Requisite, Licht … und natürlich auch unsere Köche, in Vorbereitungen vertieft. Aber Zeit für eine herzliche Begrüßung ist immer. Es folgt ein erstes Gespräch mit meiner Redakteurin: „Hallo Claudia!". Dann packe ich meine Blumen aus. Montags erhält das ganze Studio eine Dekoration aus frischen Schnittblumen. Nebenbei bekommt Claudia von mir die Informationen fürs Internet, dazu gehören die Werkstoffliste und eine Kurzanleitung (wie eben auch hier im Buch).

10.15 Uhr: Langsam wird es ernst. Von der Aufnahmeleitung kommt die Ansage: „Achtung, wir proben!" Ich achte darauf, dass wichtige Arbeitsschritte gut „im Bild sind" und nach vier Minuten ein fertiges Werkstück zu sehen ist. Manches deute ich nur an, denn ist sie einmal abgeschnitten, kann ich die Blume nicht mehr verwenden. Das muss nicht sein. Es wird trotzdem in der Sendung gelingen.

11.15 Uhr: „Danke für die Probe", höre ich da. (Ich weiß, Sie wollen es wissen: Zu essen gibt es erst in der Sendung.) Das heißt für mich: Vesperbrot raus und ab in die Maske. Beides ist wichtig – das eine, um zu überleben, das andere, um nicht zu glänzen (das überlasse ich den Blumen).

Kurz vor 12: „Ruhe bitte" – wir melden uns live vor der Tagesschau.

12.15 Uhr: „Achtung, wir senden !" Beginn der Live-Sendung aus Studio 6 des SWR in Baden-Baden. Und das seit 1998 – dank Ihnen. Schon toll!

Ich muss mich jetzt auf meine Blumen, den Ablauf und die Zeit konzentrieren, möglichst interessante Antworten geben und pünktlich fertig werden. Auch die Sendung kommt jetzt zum Ende – ab an den Tisch – endlich! Und? Lecker! Ich weiß, damit ist auch die wichtigste aller Fragen beantwortet.

Dann packe ich zusammen und fahre zurück nach Stuttgart, denn dort freuen sich unsere Kunden, mich „live" zu sehen. Und meine Frau freut sich auch, wenn ich endlich was arbeite!

Doch nun zum Buch: Es hat mir große Freude bereitet, mir neue Ideen auszudenken und bewährte ARD-Buffet-Kreationen neu zu interpretieren. Aus Ihren Reaktionen auf die Sendungen weiß ich, dass Sie gerne „mehr" wissen möchten und sich über Hintergrundinformationen freuen. So entstand dieses neue Konzept. Jedes Blütenkapitel wird eingeleitet mit Wissenswertem über Geschichte, Pflege und Verwendung im Garten. Für leichtes Nacharbeiten sind die Anleitungen in übersichtliche Schritte unterteilt. Zu jeder Idee gibt es dazu drei kleine Step-Fotos, welche diese Schritte veranschaulichen. Ganz gleich, ob Sie diese Ideen in eigene Kreationen verwandeln oder die Fotos – „geschossen" im Freilichtmuseum Beuren am Fuße der Schwäbischen Alb – einfach als Dessert vernaschen, ich wünsche Ihnen viel Genuss – natürlich mit Blumen!

Ihr Schweizer

Der hier gezeigte Blütenkorb ist der Beweis, dass sich alle Themen, Werkstoffe und Techniken neu miteinander kombinieren lassen. In diesem Werkstück finden Sie eine Kombination aus den Ideen der Seiten 136 (Korbmantel aus Meerschaum), 32 (Efeupflanze als Steckhilfe) und 46 (Gefäß-in-Gefäß-Technik).

Pfingstrosen

PAEONIA

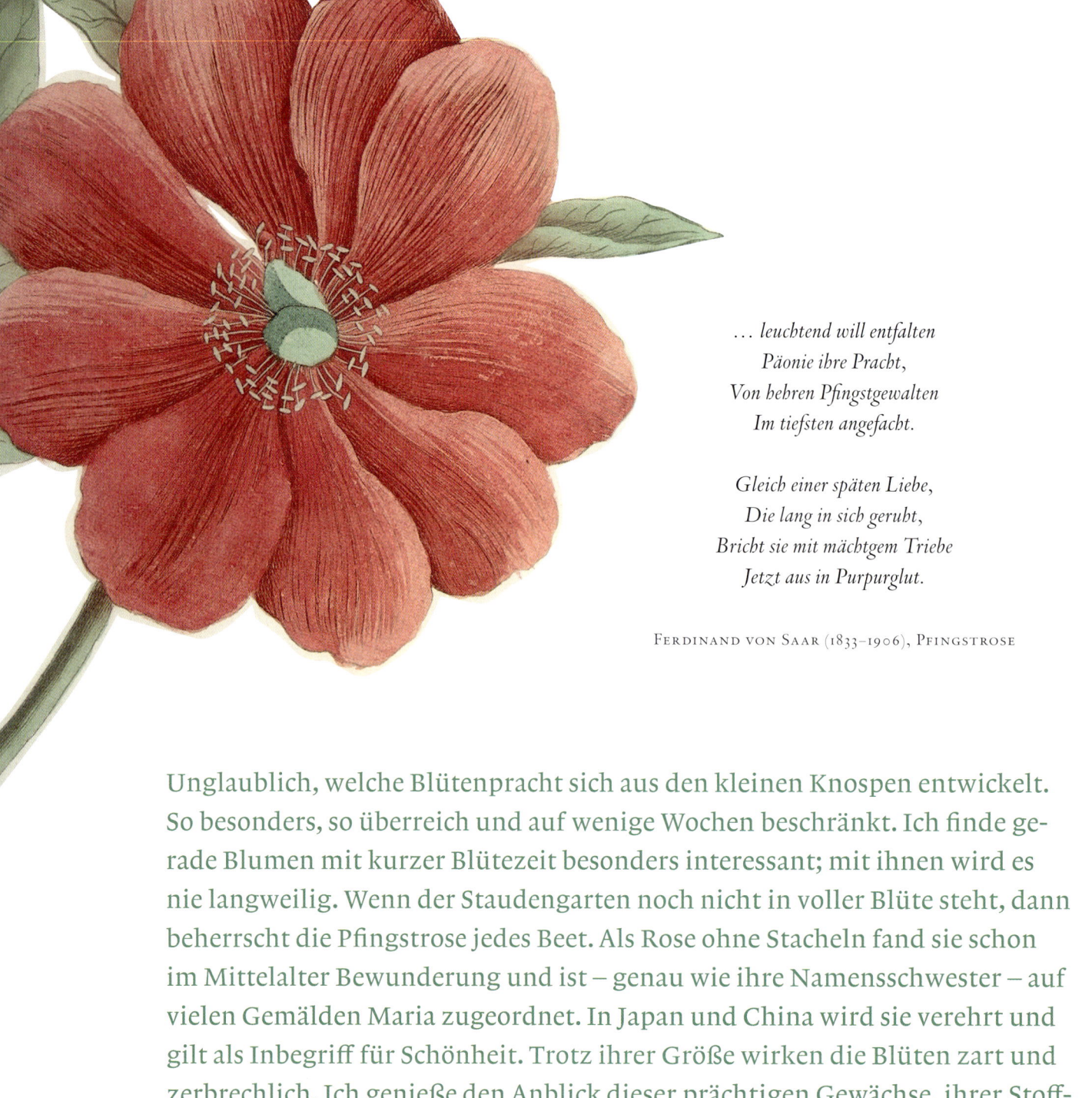

… leuchtend will entfalten
Päonie ihre Pracht,
Von hehren Pfingstgewalten
Im tiefsten angefacht.

Gleich einer späten Liebe,
Die lang in sich geruht,
Bricht sie mit mächtgem Triebe
Jetzt aus in Purpurglut.

FERDINAND VON SAAR (1833–1906), PFINGSTROSE

Unglaublich, welche Blütenpracht sich aus den kleinen Knospen entwickelt. So besonders, so überreich und auf wenige Wochen beschränkt. Ich finde gerade Blumen mit kurzer Blütezeit besonders interessant; mit ihnen wird es nie langweilig. Wenn der Staudengarten noch nicht in voller Blüte steht, dann beherrscht die Pfingstrose jedes Beet. Als Rose ohne Stacheln fand sie schon im Mittelalter Bewunderung und ist – genau wie ihre Namensschwester – auf vielen Gemälden Maria zugeordnet. In Japan und China wird sie verehrt und gilt als Inbegriff für Schönheit. Trotz ihrer Größe wirken die Blüten zart und zerbrechlich. Ich genieße den Anblick dieser prächtigen Gewächse, ihrer Stofflichkeit, gerne in der Reduzierung auf eben diese Blüten. Dicht am Wasser verarbeitet bleiben auch offene Blüten viele Tage wunderschön. Im Wonnemonat Mai schmücken wir viele Hochzeiten mit weißen Pfingstrosen – neben der Farbe passt auch ihre Bedeutung „ewige Liebe" bestens zum Anlass.

Geschichte

Ihren deutschen Namen verdankt die Pfingstrose ihrer Ähnlichkeit mit der Rose sowie ihrer Blütezeit im Mai und Juni, also um Pfingsten herum. Der lateinische Name *Paeonia* bezieht sich auf den Götterarzt Paian, der mit Hilfe der Pfingstrose den verwundeten Pluton, den Gott der Unterwelt, geheilt haben soll. Tatsächlich verwendete man die Blume früher als Heilmittel bei Magenschmerzen, Gelbsucht, Rheuma, Gicht (daher auch der Volksname „Gichtrose") sowie Nieren- und Blasenproblemen. Die mittelalterliche Nonne Hildegard von Bingen empfahl die in Honig getauchten Samen gegen Bewusstlosigkeit und Epilepsie. Auch der Namenszusatz *officinalis* („zur Apotheke gehörend") bei der Echten Pfingstrose (*Paeonia officinalis*) verweist auf die frühere Verwendung als Heilmittel. Wie viele andere Heilpflanzen ist auch die Pfingstrose in allen Teilen giftig. Heute hat sie in der Medizin an Bedeutung verloren.

Die Echte Pfingstrose stammt ursprünglich aus dem Mittelmeerraum. Mittelalterliche Mönche – vermutlich die Benediktiner, weshalb die Blume auch Benediktinerrose heißt – brachten sie über die Alpen und pflanzten sie wegen ihrer Schönheit, des angenehmen Duftes und der vermeintlichen Heilwirkung in den Klostergärten an, von wo aus sie in den folgenden Jahrhunderten einen Siegeszug in die Gärten der „einfachen Leute" antrat.

Zu Beginn des 19. Jahrhunderts gelangten die ersten Samen der Chinesischen Pfingstrose (*Paeonia lactiflora*) nach Europa. Pflanzensammler und Botanische Gärten stürzten sich begeistert auf diese Neuheit und züchteten weitere Sorten, während vor allem die ungefüllten Sorten der Echten Pfingstrose immer mehr zu typischen Blumen für den Bauerngarten wurden. Ebenfalls aus China kamen in der ersten Hälfte des 19. Jahrhunderts die Strauch-Päonien (*Paeonia suffruticosa*) zu uns, die in ihrer Wuchsform eher an kleine Bäumchen erinnern.

Die Pfingstrose im Garten

Im Garten gehört die Pfingstrose zu den „konservativen" Pflanzen – die ausdauernde Staude schätzt es nämlich überhaupt nicht, wenn man ihren Standort verändert, nachdem sie erst einmal eingepflanzt wurde. Dieser sollte möglichst sonnig sein, aber auch Halbschatten verträgt die Blume und blüht dann manchmal sogar länger. Der Boden sollte nährstoffreich, tiefgründig und nicht zu trocken sein – ein guter Wasserabzug verhindert schädigende Staunässe. Dennoch ist vor allem die Echte Pfingstrose ausgesprochen robust und pflegeleicht, sobald sie einmal gut angewachsen ist. Mit einer Staudenstütze lassen sich die Pflanzen während der Blütezeit stabilisieren. Strauchpäonien, deren Blüten an stabilem Holz wachsen, können leicht bis zu 2 Meter hoch werden.

Die Farbskala der Pfingstrose reicht von Weiß über Rosa, Apricot und Pink bis zu tiefem Rot. Darüber hinaus gibt es einige gelbe und sogar zweifarbige Sorten. Da die Blume schon lange in den Bauerngärten beliebt ist, existiert eine eigene Bauernregel für sie: Diese besagt, dass man Pfingstrosen erst nach Mariä Geburt (8. September) pflanzen soll – was auch moderne Erkenntnisse bestätigen.

Pfingstrosen (werfen sich) in Schale

Prall und üppig, so begeistern mich die Pfingstrosen. Was da aus dieser kleinen Knospe „rauskommt", ist echt umwerfend. Wie eine Pfingstrosenknospe umschließt diese Halbschale die Blüten. Die trockene, matte Struktur dieser konstruierten Form steht im krassen Gegensatz zur spritzigen Frische der Blüten im Inneren. Und da die Pfingstrose keine Diva ist, lässt sie es zu, dass sich – Bienen gleich – Spitzwegerichblüten zu ihr gesellen.

1. Die Halbschale mit Hojablättern bekleben. Dabei vom Rand zum Boden hin arbeiten und die Blätter so anbringen, dass diese sich zu etwa einem Drittel überlappen. Am Rand mit den größeren Blättern beginnen und zum Boden hin die kleineren anbringen.
2. Im Inneren genügen drei Reihen Blätter. Der entstandene Zwischenraum am Rand wird anschließend mit frischem Moos ausgefüllt.
3. Nun die Pfingstrosen auf die entsprechende Länge kürzen und, schräg angeschnitten, Kopf an Kopf in das mit Wasser gefüllte Gefäß einstellen.
4. Zuletzt die Spitzwegerichblüten als Bienchen dazwischen einstecken.

MAN BENÖTIGT DAZU:
10 offene Pfingstrosenblüten
5 Spitzwegerichblüten
ca. 100 getrocknete Hojablätter
etwas Moos
1 Styropor-Halbschale
   (Durchmesser 40 cm)
1 wasserdichtes Gefäß
Niedertemperaturklebepistole
   oder Floralkleber
Messer

Arbeitszeit: 120 Minuten
Schwierigkeitsgrad: ✿ ✿

TIPP: Für schnelle Arbeitsabläufe verwende ich Klebepistolen mit niedriger Schmelztemperatur. Damit vermeidet man Brandblasen und kann auch direkt auf hitzeempfindlichen Unterlagen (z. B. Styropor) arbeiten.

Pfingstrosen im Herz

Schnittblumen und Pflanzen in einem Werkstück zu vereinen, ist immer wieder spannend und verlangt technische Spielereien. Dabei entstehen aber Kombinationen, die man so noch nicht kennt, und das macht besondere Freude … Erst recht zum Verschenken, wenn das Herz lange erhalten bleibt.

1. Die Efeupflanzen gut wässern, austopfen und in die Herzform einpflanzen. Die Zwischenräume werden mit Moos ausgefüllt. Moos hat gegenüber normaler Erde den Vorteil, dass es nicht so schnell vernässt, denn Efeu mag keine Staunässe an den Wurzeln.
2. Den Topf mit Wasser hinzufügen und die Pfingstrosen in entsprechender Länge einstellen – gerade so, dass ihre Blüten die Herzmitte ausfüllen.
3. Zuletzt bekommt die Pflanzform einen Mantel aus Wolle.

TIPP: Das Efeu-Herz kann mit der Pflanzform im Garten eingegraben werden. Die Form verrottet mit der Zeit, aber die Herzform bleibt lange „magisch" erhalten.

MAN BENÖTIGT DAZU:

10 offene Pfingstrosenblüten
7 Efeupflanzen
2 Hände Stopfmoos
1 Herz-Pflanzform aus kompostierbarem Material (Durchmesser ca. 50 cm)
1 Topf als Vase
3 m Naturwolle, gefärbt
Messer

Arbeitszeit: 20 Minuten
Schwierigkeitsgrad: ❀

Pfingstlärche

Die Lärche erzählt vom Frühling, ist sie doch das einzige Nadelgewächs, welches sich dem Lauf der Jahreszeiten unterwirft. Unter einer Lärche zu stehen, ist zu jeder Zeit ein Erlebnis. Viele denken jetzt sicher an den Herbst, denn dann vergoldet dieser Baum ganze Landschaften. Ein ganz besonderes Zeichen von Wachstum und Leben ist es für mich, wenn sich im Frühjahr aus den kahlen Zweigen kleine grüne Büschel schieben und geradezu jubelnd verkünden: „Hurra, hier sind wir wieder!" Meine Pfingstschale für ein Hurra im Alltag.

1. Die Steckmasse wässern und in das Gefäß einpassen. Die Kanten für einfacheres Einstecken der Zweige abschrägen.
2. Die Lärchenzweige werden so schräg eingesteckt, dass sie – wie von selbst – einen lockeren Kreis bilden.
3. Die Zweige des Spierstrauchs schmiegen sich an.
4. Zuletzt findet die blumige Füllung ihren Platz. Zuerst die offenen Blüten einstecken, dann die Knospen in den Zwischenräumen anordnen. Danach mit den Laubblättern der Pfingstrose letzte Lücken schließen.
5. Wasser einfüllen – fertig – genießen!

MAN BENÖTIGT DAZU:
5 Lärchenzweige
(ca. 80 cm lang)
5 Zweige der Spiraea
(Spierstrauch)
10 Pfingstrosen in unter-
schiedlichen Blühstadien
½ Riegel Steckmasse
1 Schale mit Vertiefung
Messer

Arbeitszeit: 30 Minuten
Schwierigkeitsgrad: ✿

TIPP: Verwenden Sie eine Schale mit Vertiefung für ausreichende Wasserversorgung, denn die üppigen Pfingstrosen sind durstig. Dicht an der Steckmasse sind auch offene Blüten lange haltbar.

Picknick am Gras

Diese Dekoration holt uns die ganze Natürlichkeit des Bauerngartens auf den Tisch. Die Kombination von Nutz- und Ziergarten findet mit Salatsetzlingen und Pfingstrosen nicht hinter Buchsbaumhecken, sondern auf dem frühsommerlichen Tisch ihren Platz. Eine Idee, die trotz (oder gerade wegen) ihrer Einfachheit sehr sinnlich ist. Riechen Sie das frisch geschnittene Gras? Übrigens finden Sie diese Salatpflanzen auch Wochen (und Seiten) später in meiner Idee „Blütensalat" von Seite 96.
Die Menge der Werkstoffe richtet sich nach der Länge des Tisches, denn diese Idee eignet sich sehr schön als mittiges loses Blütenband. Erweitern Sie also nach Lust und Laune.

Die Salatschalen:
1. Den Boden der Schalen mit Folie umschließen und diese mit Klebeband fixieren.
2. Den Grasschnitt am Rand anlegen und mit Wickeldraht seitlich über Kreuz festbinden.

Die Blütenschalen:
3. Die Steckmasse wässern und in die Steckschalen einpassen.
4. Den Grasschnitt wie in 2. anlegen und so umwickeln, dass keine Steckschale zu sehen ist.
5. Nun die Pfingstrosen kürzen und tief in die Steckmasse einstecken. Schneeball und wilde Möhre umspielen die Anordnung locker und schließen letzte Lücken. Steckmasse und Schale sind unsichtbar in Gras und Blüten verschwunden.
6. Die Einzelteile in ungleicher Reihung in der Tischmitte anordnen.

MAN BENÖTIGT DAZU:
kleine Anzucht-Schalen mit
    Salatsetzlingen (vom Gärtner)
offene weiße Pfingstrosen-
    blüten
Zweige vom gefüllten Schnee-
    ball (Viburnum opulus
    'Roseum')
Blüten der wilden Möhre
frischer langer Grasschnitt
    (Futterschnitt)
Steckschalen aus Kunststoff
    (hier 12,5 cm × 12,5 cm)
Steckmasse
umsponnener Wickeldraht
etwas Folie
Klebeband
Messer

Arbeitszeit für zwei Teile:
    30 Minuten
Schwierigkeitsgrad: ✖

TIPP: Die Steckschalen nie ganz mit Steckmasse ausfüllen. Es muss noch genügend Platz für ausreichenden Wasservorrat sein. Dann genügt es auch, einmal am Tag Wasser nachzufüllen.

Blütenwelle

Sicher kennen Sie auch die Brautsträuße, welche früher auf dem Arm getragen wurden – klassisch mit Nelken und Asparagus. Auch heute binden wir hin und wieder solchen Brautschmuck. Daraus ist diese Idee entstanden. Dieser Strauß eignet sich durch seine ausgeprägte Schauseite sehr schön für „einseitige" Dekorationen wie die eines Sideboards oder Altars.

1. Drei lange Zweige Spargelkraut machen den Anfang. Diese werden leicht fächerförmig (durch Kreuzen der Stiele) in der Hand angeordnet und die erste Pfingstrose eingelegt. Dort, wo sich die Haltehand befindet, ist später auch die Bindestelle – daher diese nie aus den Augen verlieren.
2. Nun werden nach und nach weitere Werkstoffe schräg angelegt und in der Haltehand gefasst. Bitte unbedingt darauf achten, dass die Blüten locker stehen. Dabei helfen tief – also nah an der Bindestelle – angelegte Hortensienblüten. Die grünen Blätter der Hortensie sind auch das einzige „Füllmaterial" in diesem Strauß. Die Wickenranken umspielen die Grundform nach außen.
3. Enger gruppierte Blüten der Pfingstrose bilden das optische Zentrum.
4. Den Abschluss bilden rundherum kurz angelegte Blumen, so wie bei einem rund gebundenen Strauß.
5. Nun nur noch den Strauß anschneiden und in ein passendes Gefäß stellen.

TIPP: Am leichtesten gelingt diese Arbeit, wenn der Strauß auf der Arbeitsfläche aufliegt. Während des Arbeitens entsteht nach und nach die Form eines Tropfens.

MAN BENÖTIGT DAZU:

7 Pfingstrosen

1 Bund Kornblumen

1 Bund Astrantien (Sterndolden)

10 Stiele der Staudenwicke, weiß

3 Hortensienblüten

10 Stiele Spargelkraut (wächst, wenn der Spargel nicht mehr geerntet wird)

Messer

Rebschere

Bindebast

Arbeitszeit: 30 Minuten
Schwierigkeitsgrad: ✿ ✿ ✿

Rose

ROSA

Als Allerschönste bist du anerkannt,
Bist Königin des Blumenreichs genannt …

JOHANN WOLFGANG VON GOETHE (1749–1832),
ALS ALLERSCHÖNSTE BIST DU ANERKANNT

Keine Blume ist so sehr mit der Liebe verbunden wie die (rote) Rose. Kein Wunder, war sie doch in der Antike der Liebesgöttin Aphrodite zugeordnet. Aus dem Schaum, aus dem sie geboren wurde, soll ein Rosenstrauch entstanden sein. Zunächst waren die Blumen jedoch noch weiß – erst als die Göttin zu ihrem sterbenden Geliebten eilte, ohne dabei auf die Rosendornen auf dem Weg zu achten, färbten sich die Rosen von ihrem Blut rot.

Wie auch immer, Tatsache ist, dass die bunten Rosen erst durch Züchtung entstanden. Apropos Züchtung: Für keine andere Blume gibt es so umfassend angelegte Gärten wie für die „Königin der Blumen". Menschen, gleich welchen Standes, erfreuten sich schon immer an den stacheligen Gewächsen mit den wundervollen Blüten. Schon Konrad Adenauer – ein großer Rosenfreund – wusste: Die Rosenpflanze mag es warm, aber luftig. Damit ist auch schon das wichtigste für den Standort einer gesunden Rose gesagt. Und wenn's dennoch mal nicht so toll ist mit der Rosenzucht, hilft die Sichtweise eines asiatischen Sprichworts: „Nicht der Rosenstrauch trägt Dornen, der Dornenstrauch trägt Rosen". Das kann übrigens auch helfen, wenn der rote Rosenstrauß nicht die erhoffte Wirkung zeigt. Es bleibt aber wohl immer dabei: Nichts könnte eine klarere Sprache sprechen als ein Strauß roter Rosen, der von leidenschaftlicher Liebe erzählt. Rosafarbene Rosen hingegen stehen für zärtliche Liebe und weiße Rosen können sogar auf eine heimliche Liebe hinweisen. Pssst! Die Königin spricht – wenn uns die Worte fehlen.

Geschichte

Schon seit Jahrtausenden werden u.a. in China, Persien, Griechenland und Ägypten Rosen angebaut. Mancher Herrscher hat sich durch eine Schiffsladung Rosenblätter und Rosenöl – sagen wir mal – „beeinflussen" lassen. Kleopatra wusste auch davon und schickte schnell mal ein Schiffchen mit dieser kostbaren Fracht übers Mittelmeer. Einer Legende nach ließ der römische Kaiser Heliogabal (204–222 n. Chr.) bei Festen Rosenblüten auf seine Gäste herabregnen. Dies sollte vor Trunkenheit schützen. Ob's gewirkt hat? Unter der großen Menge der Blätter erstickten jedenfalls viele Gäste.

Auch Kelten und Germanen nutzten die Hagebutten der einheimischen Wildrosen. Die ersten Gartenrosen kamen vermutlich mit den Benediktinern aus dem Mittelmeerraum in die mittelalterlichen Klostergärten. Der St. Galler Klosterplan (um 819/826) belegt den Anbau von Rosen im Beet neben den Lilien. Auch Karl der Große verordnete bereits um 812 ihren Anbau auf allen Reichsgütern. Ihre Beliebtheit durch Jahrtausende hindurch verdanken die Rosen vor allem ihrer außergewöhnlichen Schönheit und dem köstlichen Duft, der seit jeher in der Parfümherstellung eine große Rolle spielt. Außerdem ist die Rose im Christentum ein bedeutendes Attribut der Gottesmutter Maria, die selbst als „Rose ohne Dornen" bezeichnet wird und auf vielen Gemälden umgeben von Rosen dargestellt ist. Darüber hinaus sind es ihre Heilwirkung und die kulinarischen Einsatzmöglichkeiten, welchen die Rose ihre große Bedeutung verdankt. Die mittelalterliche Nonne Hildegard von Bingen beispielsweise empfahl die Rose zur Linderung von Augenkrankheiten sowie bei Krämpfen und Lähmungen. Früher und heute fanden und finden Rosenblüten und Hagebutten Verwendung in der Küche: Neben Hagebuttentee und -marmelade ist vor allem das Rosenwasser bekannt, das beispielsweise zum Aromatisieren von Speisen verwendet wird – traditionell ist es Bestandteil des Rezepts für Marzipan.

Die Rose im Garten

Rosen gehören zu den beliebtesten Gartenblumen überhaupt – auch wenn es sich bei ihnen streng genommen nicht um Blumen, sondern um Gehölze handelt. Als Mitglied der Familie der Rosengewächse ist die Rose beispielsweise mit der Himbeere, der Erdbeere und dem Apfel eng verwandt. Rosen gibt es in etwa 250 Arten und inzwischen unzähligen Sorten, zu denen jährlich viele neue hinzukommen. Man unterscheidet je nach Eigenschaften u.a. zwischen alten Rosen, Edelrosen, Strauchrosen, Beetrosen und Kletterrosen – sie können zwischen 25 cm und 6 Meter hoch werden, so dass unter der Vielzahl der Sorten für fast jeden Garten eine geeignete dabei ist. Sie alle bevorzugen sonnige und warme Standorte, kommen aber auch mit Halbschatten zurecht. Als beste Vorbeugung gegen Krankheiten und Schädlinge muss ausreichende Luftbewegung und ein schnelles Abtrocknen nach Regen gewährleistet sein. Rosen daher auch nie über das Laub gießen. Die Rose ist ein Tiefwurzler, das Pflanzloch sollte daher doppelt so tief wie der Wurzelballen ausgehoben werden und bis zur Hälfte mit lockerer Erde befüllt sein. Wenn gegossen wird, dann reichlich – nicht täglich, aber so viel, dass das Wasser auch an den tiefen Wurzeln ankommt. Die meisten unserer Rosensorten blühen mehrfach im Jahr (remontieren). Dazu ist es wichtig, dass Verblühtes ausgeschnitten wird, bevor sich Hagebutten bilden. Sonst sagt sich die Rose: „Vermehrung gesichert, ich muss nicht mehr blühen." Auch Königinnen sind gerne faul. Der Schnitt erfolgt etwas über dem nächsten fünfteiligen Laubblatt. Dort sitzen die Anlagen für die neue Blütenpracht. Wenn das Klima es zulässt, blüht die Rose rund ums Jahr. Bei uns hält sie als Schutz vor dem Erfrieren Winterschlaf.

Der Beginn des Rosenjahres (Rosenkreis)

Bei dieser flachen Arbeit sammeln sich Rosenblüten in einem Ring aus Apfel-zweigen. Da der Apfelbaum, wie auch z. B. die Kirsche oder die Erdbeere, zu den Rosengewächsen zählt, gehört seine Blüte mit zu den ersten Rosenblüten im Jahr. Dazu kommen kleinblütige Polyantharosen und grüner Schneeball. Rosen werden das ganze Jahr über kultiviert, daher finde ich es besonders schön, wenn sich zu den gezüchteten Rosen eine Frühlings-Rosen-Apfel-Blüte gesellt.

1. Die Steckmasse wässern und flach in die Schale einlegen. Die Oberfläche der Steckmasse sollte eine Fingerbreite unterhalb des Schalenrandes liegen.
2. Die Apfelzweige in kurze Teilstücke schneiden. Dabei darauf achten, dass genügend Blüten an den Enden der Zweige vorhanden sind.
3. Die Zweige mit der Rebschere anschrägen und aufrecht in die Steckmasse ein-stecken. Nach und nach entsteht so der Apfelkranz.
4. Die Rosen mit dem Messer auf die entsprechende Länge kürzen; die Stiele anschrägen und im Wechsel mit den ebenfalls angeschnittenen Schneeballblüten in der Mitte einstecken.
5. Wasser einfüllen und die noch sichtbare Steckmasse am Rand mit Moos bedecken.

MAN BENÖTIGT DAZU:
ca. 30 kurze (ca. 15 cm) Abschnitte von Apfelzweigen
10 Stiele Polyantharosen
5 Stiele Schneeball
2 Riegel gewässerte Steckmasse
flache Schale (hier Durch-messer 45 cm)
2 Hände voll Moos
Rebschere
Messer

Arbeitszeit: 45 Minuten
Schwierigkeitsgrad: ✿ ✿

TIPP: Moose beim Arbeiten mit Wasser nie über den Gefäßrand legen, da sie dann das Wasser aus dem Gefäß leiten.

Das gebügelte Herz

Herzlich soll es sein, aber nicht bieder, heiter und ein echter Hingucker, schnell gemacht und trotzdem stabil. Da habe ich die Idee: Wir „bügeln" uns ein Herz – vom Hemdenhalter zur blumigen Herzsache. Wenn Sie jetzt so für sich denken „Da bin ich aber platt!", dann wäre das sehr passend.
Ach ja, trocknen kann man's auch noch. Spötter behaupten sogar, die Deko hätte manchmal schon länger gehalten als die Liebe.

1. Zunächst muss aus dem Kleiderbügel ein Herz werden. Dank Muskelkraft und Augenmaß ist dieser Punkt schnell erledigt.
2. Die ersten kurzen Buchsbaumzweige werden mit Schmuckdraht an die Spitze der Herzform gebunden.
3. Rosen, Vergissmeinnicht (mit Moos! siehe Tipp) und Lavendel folgen im Wechsel. Alle Werkstoffe werden so angelegt, dass ihre Spitzen zur Herzspitze hin zeigen. Dabei kreuzen die Stiele die Drahtform: Die Blüte schaut dabei nach oben, das Stielende zur Arbeitsfläche. Dadurch entsteht eine „Flussrichtung", und das gearbeitete Herz hat später eine schöne Spitze. Die Werkstoffe so einkürzen, dass die Stiele nicht unnötig auftragen.
4. So werden beide Seiten von der Spitze zur Aufhängung hin gearbeitet. Eine schöne Rosenblüte schließt die letzte Lücke.
5. Das gebundene Herz eine Stunde in einen Unterteller mit Wasser legen, dann erst aufhängen.

MAN BENÖTIGT DAZU:
1 Draht-Kleiderbügel (aus der Reinigung)
zwei Hände voll Buchsbaumzweige
1 Bund verzweigte Rosen
1 Bund Vergissmeinnicht
1 Hand voll Schmetterlingslavendel
etwas Lappenmoos
Unterteller mit Wasser
Schmuckdraht
Messer
Rebschere

Arbeitszeit: 60 Minuten
Schwierigkeitsgrad: ✖ ✖ ✖

TIPP: Das zwischengebundene Moos hat zwei Funktionen. Als Auflage an den Stielen des Vergissmeinnichts verhindert es, dass der Draht die Stiele durchtrennt. Und – einmal mit Wasser vollgesogen – hält es die Blüten lange frisch (Bitte Vorsicht bei feuchtigkeitsempfindlichen Türen etc.!).

Rathaus

Vom Zauber der Gartenrosen

Geht es Ihnen auch so: Der Duft der ersten Gartenrosen, tief eingeatmet, weckt die Sehnsucht nach Sommer. Zu meinen Gartenrosen gesellen sich als Klassiker der Frauenmantel und als samtige Schönheit der Fruchtstand der Baumpfingstrose. Der Unterbau besteht aus einem langen Glasrechteck, über welches von beiden Seiten die Ranken von Efeupflanzen „wachsen". Dies ist die gewachsene Steckhilfe für diese Arbeit – mehr braucht man nicht.

Die Dekoration wird direkt am Tisch gearbeitet. Soll sie transportiert werden, kann man zuvor ein Brett unterlegen.

1. Das Glasgefäß mit jeweils einem Übertopf an den Enden auf dem Tisch platzieren.
2. Die Efeupflanzen so in die Töpfe einstellen, dass die Ranken über das Gefäß fließen und dieses seitlich begleiten. Die Ranken werden so zur Steckhilfe für die folgenden Werkstoffe.
3. Nachdem Wasser eingefüllt wurde, finden zunächst die Fruchtstände und der Frauenmantel sowie verzweigte Rosen ihren Platz im Glasgefäß.
4. Dann folgen die großblütigen Rosen. Dass alle Stiele mit einem scharfen Messer zuvor schräg angeschnitten werden müssen, ist, denke ich, klar.
5. Und schon können die Gäste kommen.

MAN BENÖTIGT DAZU:

15 Gartenrosen unterschiedlicher Sorten
5 Fruchtstände der Pfingstrose (Baumpäonie)
5 Stiele Frauenmantel inkl. Blatt
2 Efeupflanzen mit langen Ranken
1 Glasrechteck (hier 39 cm × 11 cm × 14 cm)
2 Übertöpfe
Messer

Arbeitszeit: 30 Minuten
Schwierigkeitsgrad: ✿

TIPP: Ein oder zwei lange Efeupflanzen sollte man immer zu Hause haben. Mit ihnen kann man ganz einfach Dekorationen zaubern. Ob wie hier länglich, mit kleinen eingestellten Gläsern oder zum Kranz gelegt in einer Schale – immer lassen sich schnell einige Blüten zwischen die Ranken stecken.

Rosenkugel

Wir kennen sie aus Glas. Doch ganz floral kommt sie in dieser Idee daher! Da bekommt der gute alte Asparagus seinen großen Auftritt. Luftig und leicht fällt der Blick auf die Königin der Blumen. Die Rose residiert im Schutz von Wildasparagus und Asparagus densiflorus. Wer kein wildes Spargelkraut bekommt (wächst natürlich rund ums Mittelmeer und ist im Blumenladen erhältlich, wenn man Glück hat und vorbestellt) nimmt Asparagus plumosus, Clematisranken oder noch besser Ranken vom schlingenden Knöterich, denn dieser hat auch Seitentriebe für besseren Halt.

1. Den Wildasparagus so schlingen, dass eine lockere Kugel entsteht. Dabei die Seitentriebe ineinander verhaken, damit die Grundform hält (Trick, wenn's nicht hält: Jetzt schon mit etwas Draht umwickeln).
2. Die grünen Zweige von Asparagus densiflorus anlegen und dazwischenziehen, ebenso das Schleierkraut.
3. Mit dem Bouillondraht die Werkstoffe verfestigen, dazu diesen mehrfach um die Kugel wickeln.
4. Nun das Reagenzglas mit Wasser füllen, die Rose anschneiden und einstellen (zusammen mit der Jasminranke).

MAN BENÖTIGT DAZU:

1 Ranke des wilden Asparagus (oder Alternativen, siehe links)
1 Rosenblüte
2 Zweige Asparagus densiflorus
etwas Schleierkraut oder eine Jasminranke
1 Reagenzglas
Bouillondraht, silber („Zickzackdraht")
Messer
Rebschere
evtl. Handschuhe (der wilde Asparagus hat Dornen)

Arbeitszeit: 20 Minuten
Schwierigkeitsgrad: ✿ ✿

TIPP: Da die Blätter vom Zierspargel irgendwann abfallen, das Grundgerüst aber „ewig" hält, kann man immer wieder frisches Grün aufwickeln und das alte entfernen. So ist die Kugel einmal Tischdekoration, Gartenfest-Rosenkugel auf Stab (oder Zaun – siehe Seite 24/25), frei hängende Adventskugel … und es sind sogar schon welche an Herzluftballons davongeschwebt.

Federleicht umkränzt

Bei diesem kompakten Strauß bilden runde Blütenformen eine flache Kuppel, welche von Cotinus coggygria **umkränzt wird. Ist das nicht ein netter Name? Der deutsche Name stellt schnell klar, um welches Gewächs es sich handelt: Perückenstrauch. Ich liebe diese Pflanze und bin glücklich, dass sie in diesem Sommerstrauß in einer einfachen Bindeweise verarbeitet wird.**

1. Die Rosenstiele bis auf halbe Länge von Blättern und Dornen entfernen.
2. Von einer mittigen Rose ausgehend alle Rosen Kopf an Kopf legen. Die Stiele im unteren Drittel fassen und zusammenbinden. Dieser „erste Strauß" bildet das Zentrum der weiteren Anordnung.
3. Nun entstehen aus jeweils 1–2 Asternblüten, 4–5 Skabiosen und einem Stiel Perückenstrauch kleine Bündel. Hierzu ebenfalls die Blätter entfernen und die Stiele mit Klebeband fixieren. Sieben solcher Bündel benötigt man für den nächsten Schritt.
4. Den Rosenstrauß in die Haltehand nehmen und die kleinen Bündel leicht schräg in diese Hand einlegen. Die angelegten Blüten befinden sich nun auf Höhe der Rosen. Durch gleichmäßiges Drehen des Straußes in der Haltehand und Anlegen weiterer Bündel entsteht schnell und – in dieser Technik – relativ einfach ein runder Strauß.
5. Nun den Strauß mit Bindebast auf Höhe der Hand (schmalste Stelle) abbinden und die Klebestreifen aufschneiden und entfernen.
6. Zuletzt alle Blütenstiele schräg anschneiden und den Strauß einstellen.

Alle zwei Tage das Wasser wechseln, die Vase reinigen und die Stiele neu schräg anschneiden. Diese Technik eignet sich auch gut für überhängende Rosenblüten, da sie durch die angelegten Werkstoffe gestützt werden.

MAN BENÖTIGT DAZU:

10 Rosen der Sorte 'Ave Maria', hell
10 Rosen der Sorte 'Romantic Antike', rosa
1 Bund dunkellila Sommerastern
2 Bund blaue Skabiosen
7 Stiele Perückenstrauch
Rebschere
Messer
Klebeband
Bindebast

Arbeitszeit: 30 Minuten
Schwierigkeitsgrad: ❀

TIPP: Rosenstiele nur vorsichtig entdornen und nicht „schälen". Sonst werden Leitungsbahnen beschädigt und Bakterien haben leichtes Spiel.

Lilie

LILIUM

Die Lilie blüht, ich bin die fromme Biene,
Die in der Blätter keuschen Busen sinkt,
Und süßen Tau und milden Honig trinkt,
Doch lebt ihr Glanz, und bleibet ewig grüne
So ist dann selig mein Gemüt
Weil meine Lilie blüht! …

CLEMENS BRENTANO (1778–1842),
DIE LILIE BLÜHT, ICH BIN DIE FROMME BIENE

Ach ja, so sind sie, die Texte aus der „Heidelberger Romantik". Da schreibt einer von keuschen Busen und frommer Biene und meint doch nur die unwiderstehliche Anziehungskraft einer Blume (oder einer Frau?). Zugegeben, ich sollte mich fast entschuldigen für so viel „triefende Romantik". Aber möchte man bei den „Glockenlilien" im Apfelbaum nicht wirklich Biene sein? Fromm hin oder her. Übrigens: Der griechischen Sage nach entstand die Weiße Lilie aus der Muttermilch der Göttin Hera, welche ihr beim Stillen des Herkules auf den Boden tropfte. So symbolisierte die Lilie bei Griechen und Römern zunächst Fruchtbarkeit, aber auch Schönheit und Makellosigkeit. Wegen ihrer weißen Farbe, die Keuschheit und Reinheit versinnbildlicht, und der überlieferten Verbindung zur Mutterschaft fand das Christentum in der Lilie das ideale Attribut von Maria. Sie heißt daher auch „Madonnenlilie". Im Blumenstrauß spricht die Weiße Lilie von der Reinheit der Liebe – die leuchtend orangeroten Feuerlilien hingegen stehen für Leidenschaft. Und dann ist da noch der betörende Duft vieler Liliensorten. Im Verkaufsgespräch wird immer wieder klar: Beim Empfinden von Gerüchen scheiden sich die Geister. Was viele mögen, ist für andere der Duft, der Leiden schafft. Klar ist aber: Sie ist eine prächtige Blüte, Krone in jedem Beet, auch in der floralen Kombination mit sommerlicher Natürlichkeit.

Geschichte

Die Lilie ist eine der ältesten Zierpflanzen Europas. Ursprünglich stammt sie wohl aus Palästina oder dem Iran, doch griechische Wandfriese zeigen die Blüte schon vor rund 3500 Jahren. Im antiken Griechenland war es üblich, Brautkränze aus Lilienblüten zu winden. In unseren Breiten ist die Weiße Lilie schon im 9. Jahrhundert belegt. Der Mönch Walahfrid Strabo empfahl die Lilie um 840 für den Anbau in den Klostergärten. Seitdem hat sich die Weiße Lilie nicht durch Zucht neuer Sorten verändert – ein Zeichen dafür, dass die Menschen die Lilie seit jeher als nahezu perfekt empfunden haben. Ihre große Beliebtheit verdankt sie verschiedenen Gründen: ihrer außergewöhnlichen Schönheit, dem intensiven und angenehmen Duft, den sie abends verströmt, um Nachtfalter anzulocken, ihrer großen Symbolkraft als Blume der Jungfrau Maria, der Tatsache, dass fast alle Teile der meisten Lilienarten essbar sind, und nicht zuletzt ihrer Heilwirkung. Walahfrid zufolge sollte die Lilie bei Schlangenbissen und Quetschungen helfen, und in der Volksmedizin wurde Lilienöl lange Zeit gegen Verbrennungen, Quetschungen, Geschwüre und Insektenstiche angewandt. Kein Wunder also, dass die empfindliche Schöne in den Gärten unserer Vorfahren so beliebt war. Heute spielt die Heilwirkung der Lilie keine Rolle mehr; als Zier- und Schnittblume ist sie aber nach wie vor außerordentlich beliebt. Neue Züchtungen bringen eine enorme Farbenvielfalt. Viele Sorten haben nur noch schwachen Duft und lassen sich so auch gut in der Raum- und Tischdekoration verwenden. Die orientalischen Sorten mit ihren großen Blüten umgeben sich hingegen mit wahren Duftwolken.

Die Lilie im Garten

Wenn man einige einfache Regeln beachtet, lassen sich Lilien gut im Garten ziehen. Alle Liliensorten benötigen einen durchlässigen Boden ohne Staunässe. Je nach Sorte lieben sie unterschiedlich saure Böden. Für alle aber gilt: Blüte in der Sonne, Wurzeln im Schatten. Sie mögen also keine aufgeheizte Erde. Das erreicht man am besten, wenn man sie an einen sonnigen Standort pflanzt und mit niedrigen Stauden umgibt. Zwiebeln der Madonnenlilie sollten am besten im August oder September in die Erde gebracht werden. Sie treiben dann noch im selben Jahr aus und erfreuen bereits im nächsten Jahr mit ihren prachtvollen Blüten. Andere Lilienarten können von September bis März gepflanzt werden. Meist ist die Blume in unseren Breiten ausreichend winterhart, hat aber nichts gegen etwas Reisig zum Schutz vor starken Frösten einzuwenden.

Alle anderen Lilienarten können in der frostfreien Zeit zwischen Herbst und Frühjahr in den Boden gebracht werden. Dabei ist wichtig, dass das Pflanzloch die zwei- bis dreifache Größe der Zwiebel hat und die Zwiebel gut mit Erde bedeckt wird. Pflanzkörbe um die Zwiebel erschweren den Wühlmäusen, an das „leckere Essen" zu gelangen. Ein luftiger Standort beugt Pilz- und Viruserkrankungen vor. Die eigentliche Pflege aber beginnt mit dem Verblühen. Um unnötigen Energieverlust zu vermeiden, sollte dann der Blütenstaub entfernt werden, um die Samenbildung zu verhindern. Denn die viel sinnvollere Vermehrung erfolgt durch Brutzwiebeln. Eine Düngung stärkt die Pflanze, und die grünen Pflanzenteile liefern wichtige Energie zur Speicherung in der Zwiebel. Erst nach dem vollständigen Absterben der oberirdischen Teile werden diese abgeschnitten.

Lilien-Barock

Wer behauptet, der kreative Umgang mit Blumen sei kein sinnliches Erlebnis, dem verordne ich diese Idee. Und die Erkenntnis, dass Blumen unser Leben bereichern, kommt während des Arbeitens. Trotz „Ton in Ton" ist diese Idee nicht monoton! Aber üppig und mit Überraschung, bitte!

Da dieses Werkstück eine Schauseite hat, wird die Rückseite nur so ausgearbeitet, dass sie gerade abgedeckt ist und die Arbeit trotzdem nicht einseitig wirkt.

1. Zuerst die gewässerte Steckmasse in das Gefäß einpassen und die Seiten abschrägen.
2. Mit den drei ersten Lilienzweigen werden die Proportionen (rechts – links – oben) festgelegt.
3. Die Rosen stehen locker zwischen den Lilien.
4. Das Abdecken der Steckmasse übernimmt die Tillandsie.
5. Nun nach und nach durch Verdichten die Gesamtform herausarbeiten.
6. Etwas Tillandsie liegt locker in dieser barock anmutenden Arbeit.
7. Und als Überraschung: Einige Kleeblüten werden zu originellen Hinguckern.
8. Wasser einfüllen und genießen.

TIPP: Die Kombination von Werkstoffen unterschiedlicher Stofflichkeit, Oberflächenbeschaffenheit und Form macht eine Arbeit spannend und interessant. Gleich ineinander gelegter Seidentücher bezaubern die Lilienblüten mit ihren Blütenspitzen. Kugelrund, wie ein angelegtes Federkleid, ruht die Rosenblüte in sich und der Gestaltung, und verspielt tänzelt die Tillandsie hindurch ... im passenden Gefäß!

MAN BENÖTIGT DAZU:

8 Lilienrispen nach Vorliebe mit und ohne Duft (hier die Sorte 'Stargazer' – gefüllt blühend, stark duftend)

10 Rosen der Sorte 'Biedermeyer'

einige Klee-Blüten

1 Handvoll Louisianamoos (Tillandsia usneoides)

2 Riegel Steckmasse

1 Gefäß aus Gusseisen

Messer

Arbeitszeit: 30 Minuten
Schwierigkeitsgrad: ✿ ✿

Zauberwald mit Lilie

Mut gehört schon dazu, die edle Longiflorum-Lilie auf ihre Blüte zu reduzieren. Wichtig hierfür ist aber, dass dieses Grundwissen da ist: Eine edle langstielige Blüte braucht ausreichend Raum zur Entfaltung und dominiert gleichzeitig – normalerweise auf langem Stiel – die Gestaltung. Dies passiert auch hier, nur eben nicht auf langem Stiel, sondern verfremdet, gestaltet, aufrecht, makellos. Und da die Blüten der Lilie wie verzaubert stehen, wurden auch die Blätter verfremdet, der Mohn gekürzt und ein schlichter „Waldboden" eingestreut. Gebrochen wird diese Klarheit durch ausschwingende Gräser, gerade so, als wäre der Zauberwald in die Wiese geschrumpft. Ich finde es zauberhaft.

1. Die Aspidistrablätter zu Tüten rollen (die Spitze zum Stiel legen und drehen) und mit Klebeband fixieren.
2. Die Steckmasse wässern, auf die entsprechende Größe schneiden und in das Gefäß einlegen. Das danach eingefüllte Granulat umschließt die Steckmasse komplett, an der Oberfläche aber nur leicht, da zu viel Granulat das Stecken erschwert und Leitungsbahnen verschließt.
3. Nun beginnt die Anordnung der Floralien. Alle Werkstoffe bekommen ausreichend Raum zur freien Entfaltung und dürfen nicht beschädigt werden! Die Lilienstiele werden dabei kurz unterhalb des Blütenbodens abgeschnitten. Die Blüten so einstecken, dass sie dicht an der Steckmasse stehen.
4. Zuletzt verschiebt sich die Proportion vollends: Die Gräser bekommen ihren großen Auftritt – lang und locker über der Zauberwelt.
5. Evtl. weitere Gestecke in lockerer Reihung auf dem Tisch platzieren.

MAN BENÖTIGT DAZU:
- längliches Glasgefäß (hier 35 cm × 14 cm)
- 3 offene Blüten und 1 Knospe der Longiflorum-Lilie
- 2 Aspidistrablätter (Schusterpalme)
- 4 Mohnkapseln
- 5 Gräser mit Ähre
- 1 Riegel Steckmasse
- ca. ½ l schwarzes Granulat
- Messer
- doppelseitiges Klebeband

Arbeitszeit: 30 Minuten
Schwierigkeitsgrad: ❀❀

TIPP: Aus offenen Lilienblüten immer die Staubblätter vor ihrer Reife entfernen, sonst gibt es unschöne Flecken auf den Blütenblättern und der Tischdecke. Flecken aus Blütenstaub am besten vorsichtig mit Klebeband entfernen.

Im Liliengarten

Dies ist eine der üppigsten Arbeiten in diesem Buch. Mit einfachster Technik und einem Schnittgang durch den Garten entsteht ein echter Hingucker. Verwenden Sie einfach, was gerade wächst (und evtl. Lilien aus dem Blumenladen). Hier ist der prächtige Sommergarten zu Gast und schmückt Haus und Hof. Ach, man möchte Hummel sein oder einfach nur dasitzen und tief durchatmen.

1. Vor dem Einstellen der Zweige in den Korb werden diese mit der Schere auf die entsprechende Länge gekürzt. Als Längenmaß dient ein Blütenstiel der späteren Anordnung.
2. Alle Zweige zusammen in den Korb einstellen – fertig ist das Gerüst.
3. Die Glasvasen zwischen den Zweigen platzieren und Wasser einfüllen.
4. Nun werden die Blumen nach deren Anschnitt „Kopf an Kopf" in das Zweigegerüst eingesteckt. Die kleineren Blüten finden ohne Probleme ihren Platz zwischen den Zweigen. Achtsam werden die Lilienblüten so eingestellt, dass die Blütenblätter nicht beschädigt werden! Alle Stiele enden in den Glasvasen.

TIPP: Das in jeder Größe machbare Grundgerüst lässt sich viele Male im Jahreslauf immer wieder neu verwenden – bis hin zu Kieferzweig und Amaryllis.

MAN BENÖTIGT DAZU:
verschiedene Blüten der Jahreszeit, hier sind dies Phlox, Zierlauch, Löwenmäulchen, Trachelium und wilde Möhre, dazu zwei Sorten Lilien (Longiflorum und LA-Hybriden)
trockene Zweige ohne Blätter (hier Hartriegel mit roter Rinde)
diverse Vasen für die Wasserversorgung (hier drei Glasröhren)
1 Mantelgefäß (Korb, Übertopf, Eimer ...)
Rebschere
Messer

Arbeitszeit: 60 Minuten
Schwierigkeitsgrad: ✻✻

Herzsame & Lilie

Die Lilien noch einmal in ihrer ganzen Länge, dezent in Weiß-Grün gehalten, eingebunden in ein Gerüst aus Zweigen des Ranunkelstrauchs. Leicht lassen sich die langen Triebe des Ballonweins mit den herzförmigen Früchten („Herzsame") einweben. Beide Gewächse eignen sich hervorragend für den eigenen Garten. Der Ranunkelstrauch erfreut an jedem Standort, blüht von April bis Juni und noch einmal im August. Der Ballonwein ist ein einjähriges Gewächs, das an einem warmen, hellen Standort bis zu 3 Meter lang wird.

Die eigentliche Aufgabe bei dieser Idee ist die Anfertigung des Gerüstes. Dafür werden ca. 15 Zweige des Ranunkelstrauchs benötigt, möglichst mit Verzweigungen.

1. Diese Zweige in Form eines unregelmäßigen Dreiecks auf der Arbeitsfläche auslegen. Ihre Enden an den Schnittpunkten mit Schmuckdraht zusammenbinden. Aus zwei bis drei aufeinandergelegten Formen entsteht das Grundgerüst. Einige dazwischengewobene Zweige verbinden die einzelnen Flächen miteinander.
2. Diese Form wird an der Spitze der langen Seiten gefasst. Dort entsteht die Bindestelle.
3. Nun werden nach und nach zuerst die Lilien eingesteckt, dann die Hortensien und zuletzt die Ranken des Ballonweins. Erhöhte Vorsicht ist wegen des Blütenstaubs bei offenen Lilienblüten geboten.
4. Die Stelle der Haltehand wird durch Abbinden mit Bindebast zur Bindestelle und danach mit Schmuckband umwickelt.
5. Zuletzt alle Stiele anschneiden und den Strauß in die Glasvase stellen.

MAN BENÖTIGT DAZU:

4 Lilien

3 Hortensien 'Annabelle'

3 lange Ranken vom Ballonwein (Cardiospermum)

15 Zweige vom Ranunkelstrauch (Kerria japonica)

Rebschere

Messer

Schmuckdraht

Bindebast

Band

Arbeitszeit: 45 Minuten

Schwierigkeitsgrad: ✿ ✿

TIPP: Die Zeit, welche man in ein solches Gerüst investiert, lohnt sich. Die entstandene Form lässt sich immer wieder verwenden – flachgelegt auf einer Schale finden Sie sie wieder im sommerlichen Blütenfeuerwerk der Dahlien auf Seite 132. Apropos Haltbarkeit: Gerüst, Hortensien und Ballonwein trocknen sehr schön ein – Frische bringt dann eine Blüte im Reagenzglas.

Margerite

LEUCANTHEMUM

Du standst vor einem Blumenglas am Fenster
und legtest deine Hand
mit einer schönen
unendlich gütigen Bewegung
um eine Marguerite,
ihr von unten her
den Blätterkreis mit der
gekrümmten Hand
verengend
und sie mit einem Seufzer –
mir wenigstens erschien es so –
und voller Liebe anblickend,
dass ich empfand,
dass zwischen dir und jener Blume sich
Geheimnis stiller Zwiesprache
verberge. …

CHRISTIAN MORGENSTERN (1871–1914), MARGUERITE

Natürlich! Kindliche Leichtigkeit empfinden wir bei ihrem Anblick. Und doch orakelt sie schicksalsentscheidend: „Sie liebt mich – sie liebt mich nicht". Als typische Wiesenblume, deren weiße Farbe für Unschuld und Reinheit steht, versinnbildlicht die Margerite einfache Schönheit und unberührte Natur. Diese Blume möchte tanzen, frei sein und durch Leichtigkeit begeistern. Alles Strenge ist ihr fremd. So möchte ich sie auch in meinen Ideen wirken lassen. Außerhalb der natürlichen Blütezeiten von Wiesenmargerite und klassischer Staudenmargerite erfreuen schon im Frühjahr die Strauchmargeriten als Schnittblume (auf den nächsten Seiten mit grünen Ähren oder Bellis), und auch im Balkonkasten haben sie ihren festen Platz.

Geschichte

Ihren Namen verdankt die Margerite ihrer schönen weißen Farbe und den hübschen Blütenköpfchen, denn er stammt von lat. *margarita* ab, was übersetzt „Perle" bedeutet. Wegen der Ähnlichkeit von Perlen mit Tränen gilt die Blume auch als Symbol für Letztere, beispielsweise die Tränen der Gottesmutter über den Tod ihres Sohnes.

Die lateinische Gattungsbezeichnung *Leucanthemum* verweist ebenfalls auf die Farbe, denn sie leitet sich vom Griechischen *leukos* (weiß) und *anthos* (Blume) ab. Neben dem Namen Margerite führt die hübsche Wiesenblume auch noch die Namen „Große Maßliebe", „Johannisblume" und „Wucherblume". Große Maßliebe verweist auf ihre Ähnlichkeit mit dem Gänseblümchen, dem Maßliebchen. Den Namen Johannisblume verdankt sie ihrer Blütezeit um Johanni (24. Juni), und die wenig schmeichelhafte Bezeichnung Wucherblume zeigt, dass die Margerite in vergangenen Jahrhunderten oft eher als Unkraut betrachtet wurde. Auch heute noch ist sie auf Wiesen und an Wegrändern so verbreitet, dass wir sie beim Spazierengehen oft kaum wahrnehmen, sondern als selbstverständlich betrachten.

Die Margerite im Garten

Die Margerite gehört zu den in Europa einheimischen Pflanzen. Insofern ist sie an unsere Bedingungen bestens angepasst und benötigt keine spezielle Pflege, ja neigt sogar zur raschen Ausbreitung. Die Margerite liebt sonnige Standorte auf humusreichen Böden, kommt jedoch im Prinzip mit fast allen Gartenböden und Standorten zurecht – nur ganz im Schatten möchte sie nicht stehen. Ist der Boden zu nass, färben sich die Knospen schwarz und verkümmern. Gefällt der Staudenmargerite ihr Platz im Garten, erscheinen die hübschen Korbblüten zwischen Mai und Oktober. Sie sind meist nicht gefüllt, mit weißen Blütenblättern und einem „Körbchen" aus unzähligen gelben Röhrenblüten. Alle zwei bis drei Jahre sollte man die Pflanzen teilen und, wenn möglich, an einen anderen Ort pflanzen – das erhöht die Blühfreudigkeit der Margerite. Strauchmargeriten müssen geschützt überwintert werden – sie vertragen keinen Frost. Inzwischen gibt es auch gefüllte sowie gelb und rosa blühende Sorten. Um den nachwachsenden Knospen eine Chance zu geben, wird Verblühtes regelmäßig ausgeschnitten. Apropos Chance: Nicht nur wir lieben diese Blume, sondern auch die Schnecken. Und wenn wir schon dabei sind: Auch für Menschen sind die jungen ungespritzten Blätter und Blüten der Margerite schmackhaft, z. B. in Salaten, als Gemüse oder als hübsche Dekoration für Süßspeisen.

Ein liebes Frühlings-Orakel

Margeriten begleiten uns vom Frühjahr bis weit in den Sommer hinein. Unkompliziert und geradezu harmlos bereichern sie die Werkstücke, ohne sie zu dominieren. Die ersten Blüten der einjährigen kleinblütigen Margerite ergänzen hier weiße Tulpen und setzen lustige gelbe Punkte. Und auch die Christrose, welche uns in den Winter- und Frühjahrsmonaten erfreut hat, macht diese Arbeit interessant. Ihre zum Fruchtstand umgewandelte Blüte bringt zusätzlichen Reiz in die Anordnung.

1. Das Bündel aus Birkenreisig zum Kranz biegen. Der Kranz sollte so groß sein, dass er die Schale locker umschließt.
2. Die Kranzform mit Schmuckdraht oder einzelnen Birkenzweigen fixieren.
3. Nun die mit Wasser befüllte Schale einstellen.
4. Als Steckhilfe verwende ich einzelne stärkere Birkenzweige (Abschnitte der Enden). Diese werden kreuzweise flach über die Schale gelegt und in den Kranz eingesteckt.
5. Jetzt fehlen nur noch die Blumen. Diese werden nach Lust und Laune – nach Anschnitt auf passende Länge – in die Zwischenräume der Birkenzweige eingestellt.

MAN BENÖTIGT DAZU:

20 weiße Tulpen in verschiedenen Sorten
1 Bund Margeriten
7 Fruchtstand-Blüten der Christrose (Helleborus niger)
1 dickes Bündel Birkenreisig von der Hängebirke (Betula pendula)
1 wasserdichte Schale (hier Durchmesser 25 cm)
brauner Schmuckdraht
Rebschere
Messer

Arbeitszeit: 45 Minuten
Schwierigkeitsgrad:

TIPP: Da die Tulpen auch nach dem Schnitt noch wachsen, verarbeite ich sie zunächst etwas kürzer als die Margeriten.

Blüten-Vogel

Ja klar – das ist eine Spielerei. Doch ich liebe florale Spielereien! Noch dazu, wenn mir die größte Vorarbeit abgenommen wird. Ein Sturm hat mir diese wunderschönen Vogelnester vor die Füße gelegt. Zum Glück im Herbst – es waren also alle ehemaligen Bewohner schon längst ausgezogen. Nun ziehen Blumen ein. Für diejenigen, die das zu einfach finden, habe ich noch ein Nest Marke „Eigenbau".

Variante A:

1. In das gefundene Vogelnest einfach ein Teelichtglas einstellen, ein paar Federn dazu, Wasser und Blüten rein – fertig.

Variante B:

1. Zunächst aus Hängebirke einen dünnen Kranz winden und mit Schmuckdraht fixieren.
2. In diesen Kranz werden kurze Birkenstücke gebogen eingesteckt – so entsteht eine Kuppel bzw. umgedreht eine Schale.
3. Dazwischen gewobene Buchsbaum- und Euphorbienzweige verdichten die Form und sorgen insgesamt für stabilen Halt.
4. Nun nur noch ein Glas platzieren, in welches die Blüten gestellt werden. Bergenien, Vergissmeinnicht und Bellis habe ich zu einem kleinen Strauß gebunden. Die Margeriten tanzend einstecken, gerade so, als würde sich unser Blütenvogel die Federn schütteln.

TIPP: In gleicher Weise lassen sich schnelle Osternester herstellen.

MAN BENÖTIGT DAZU:

1 Blütenstiel Riesensteinbrech (Bergenia)
5 Margeritenblüten
10 Blüten vom Tausendschön (Bellis)
10 Stiele Vergissmeinnicht
1 Teelichtglas
gefundene Vogelnester (Variante A) oder
für den „Eigen-Nest-Bau" (Variante B):
1 lange Ranke der Hängebirke
kurze Birkenstücke
etwas Buchsbaum
etwas Euphorbiengrün
Schmuckdraht

Arbeitszeit: A 5 Minuten / B 30 Minuten
Schwierigkeitsgrad: ❀ / ❀❀

Schlichte Eleganz

Staudenmargerite, Bechermalve und Nigella glänzen mit der alten Kommode um die Wette – gerade so, als hätte dieser Strauß schon immer dort im Haus des Schreiners gestanden. Wobei Strauß nicht ganz die richtige Bezeichnung ist, denn alle Blumen werden nur eingesteckt – in ein Straußgerüst aus Eichenlaub. Die als Schnittblume gut haltbare einjährige Bechermalve lässt sich an einem sonnigen Standort hervorragend im eigenen Garten ziehen. Aber Vorsicht: Sie samt sich selbst aus und wird bis zu einen Meter hoch.

1. Die Eichenzweige zurechtschneiden, untere Blätter entfernen und die Zweige zum Strauß binden.
2. Die Vase mit Wasser füllen und den Grünstrauß, entsprechend gekürzt, einstellen.
3. Alle Blumen werden von ihrem Laub befreit, an den Bechermalven evtl. Seitentriebe entfernen.
4. Mit einer Test-Margerite ermitteln wir die Länge für die Blumen in der Anordnung. Dann alle Blüten Kopf an Kopf legen und auf diese Länge zunächst mit der Schere abschneiden.
5. Die Blumen nach dem Anschnitt (Messer) locker zwischen die Blätter bis auf den Grund der Vase einstellen. Es wird also an der Bindestelle vorbeigesteckt, so dass alle Stielenden im Wasser sind.

MAN BENÖTIGT DAZU:
einige Zweige Eichenlaub vom Floristen
je 1 Bund Staudenmargeriten, weiße Bechermalven (Lavatera) und Jungfer im Grünen (Nigella)
Vase oder Pokal
Bindebast
Rebschere
Messer

Arbeitszeit: 30 Minuten
Schwierigkeitsgrad: ✿ ✿

TIPP: In solchen Straußgerüsten lassen sich auch weniger lang haltbare Blüten im Sommer leicht austauschen. Für den Wasserwechsel – jeden zweiten Tag – das Grüngerüst einfach anheben, mit den Blüten ablegen, Stielenden nachschneiden und abspülen, Vase putzen und wieder in frisches Wasser einstellen.

Eingemachte Blumen

Das ist eine floristische Arbeit mit Margeriten – auch wenn es auf den ersten Blick nicht so scheint. Denn eigentlich beherrschen zwei andere Blumen das Bild. Da sind der bekannte Ackerrittersporn und eine klassische einjährige Bauerngartenblume, die Godetie, auch Atlasblume oder Sommerazalee genannt. Ihre malvenähnlichen Blüten und die lange Haltbarkeit machen sie in den wenigen Wochen ihres Blühens zur Lieblingsblume vieler. Vielen Dank den wenigen Gärtnern, welche diese Blume anbauen. Im Garten lässt sie sich direkt aussäen, auch in Nachbarschaft zur Bohne. Denken wir uns aber die Margeriten weg, wäre die Arbeit viel unblumiger, denn die Margerite hat DIE Blüte überhaupt. Nicht umsonst ist sie die von Kindern am häufigsten gemalte Blume.

1. Den Becher in das Einmachglas stellen.
2. Den entstandenen Zwischenraum mit Bohnen oder Mirabellen füllen.
3. Die Blumen kürzen, anschneiden und einstellen.

Diese Dekoration ist besonders schön in Anordnung als Gruppe auf einem runden Tisch oder als lose Reihung – gerne auch auf einem Biertisch – und ein passendes Mitbringsel zum Gartenfest.

MAN BENÖTIGT DAZU:

Margeriten, Sommerrittersporn (Ackerrittersporn) und Atlasblume, entsprechend der Größe der Gläser
Bohnen und Mirabellen (das „Füllmaterial" kann am nächsten Tag gegessen werden)
Einmachgläser
Pappbecher oder Trinkglas
Messer

Arbeitszeit: 10 Minuten
Schwierigkeitsgrad: Null!

TIPP: Diese „Gefäß-in-Gefäß-Technik" lässt sich zu jeder Jahreszeit einsetzen. Im Laufe der Jahreszeiten füllen die Zwischenräume Moose, Zweige, Sand, Muscheln, Früchte, Blätter, Nüsse, Zimtstangen ... Ihnen fällt da sicher noch Einiges ein. Auch in größeren Gefäßen entstehen so „Vasen" mit außergewöhnlicher Optik, abgestimmt auf die enthaltenen Blumen. Soll der eingefüllt Mantel über den ersten Wasserwechsel hinaus halten, dann einfach ein drittes Gefäß einstellen. Dieses kann dann ohne Probleme gereinigt und neu befüllt werden.

Wiesenblumenkranz

Da werden Kindheitserinnerungen wach: Sonntagsausflüge mit Oma auf die Wiesen am Bach. Diese Idee beflügelt nicht nur unsere Erinnerungen, sondern ist gegenwärtig im Trend und wird uns auch in der Zukunft viel blumige Freude bereiten. Dank entsprechender Saatmischungen wächst die Blumenwiese sogar auf dem Balkon mitten in der Stadt.

Wenn man die einfache Technik mal raus hat, dann ist „alles" schnell geschmückt.

1. Wiesenblumen schneiden und gleich verarbeiten.
2. Einige Gräser, als Strang flach in die Hand (Haltehand) gelegt, bilden die Auflage für die erste Margerite. Die Margerite mit der anderen Hand auflegen und unterhalb der Blüte mit dem Daumen der Haltehand festhalten. Den Stiel um den Grasstrang führen und vor (= unter) der Blüte wieder nach oben legen. Den Stiel in der Haltehand verwahren. Das Stielende befindet sich – zu besseren Wasserversorgung – auf der Unterseite.
3. Daran schließen sich unterhalb der Blüte in Richtung Haltehand weitere Blumen und Gräser an. Wer schnell arbeitet, kann auch einige Blumen und Gräser zusammen anlegen und festwinden. Darauf achten, dass die Girlande – denn das ist der Kranz zunächst – gleichmäßig dick wird. Überstehende Stiele werden abgeschnitten.
4. Schwieriger wird es dann, wenn das Ende den Anfang trifft. Hier werden einige Gräser um die zusammengelegten Teile gewunden. So wird aus der Girlande ein Kranz.
5. Nun den Kranz schnell auf Wasser auflegen und bald wachsen alle Blumen nach oben.

MAN BENÖTIGT DAZU:

- Margeriten und andere Wiesenblumen, Kräuter und Gräser
- Teller oder flache Schale
- Messer
- Rebschere

Arbeitszeit: 30 Minuten
Schwierigkeitsgrad: ❀

BITTE: Verhalten Sie sich in der Natur nicht wie Jäger und Sammler, sondern wie verantwortungsvolle Menschen, welche Freude haben am Anblick üppig blühender Wiesen und wild wachsender Blumen. Denken kommt vor Schneiden – oder kennen Sie alle unter Naturschutz stehenden Blumen?

Nelke

DIANTHUS

Du wiegst Dich auf dem schlanken Stengel
In Deiner reichen Farbenpracht;
Du strahlest wie des Glückes Engel,
Dein duft'ges Blumenköpfchen lacht.
Umgeben bist Du stets vom Frieden,
Vom frommen Sinn, Genügsamkeit,
Dir ist ein schönes Los beschieden:
Wohnst meistens in der Ländlichkeit.
Dein frisches Laub bleicht nicht des Winters Macht;
Der Frühling kommt, Du blühst in neuer Pracht.

HEINRICH MARTIN JAENICKE (1818–1872), DIE NELKE

An ihr scheiden sich die Geister. Ganz gleich, ob sie gerade mal wieder im Trend ist oder nicht, modisch oder altmodisch daherkommt. Bei der langstieligen Edelnelke gilt dies sicherlich im Besonderen. Sie ist so ziemlich die einzige Blume, bei der ich sagen würde, dass man die Vorliebe des Adressaten für Nelken schon kennen sollte, bevor man einen Nelkenstrauß verschenkt. Schade eigentlich, denn es gibt so wunderschöne Sorten mit herrlichem Duft, und außerdem muss ein Edelnelkenstrauß ja nicht lang gebunden sein wie auf dem Hochzeitsfoto von Oma und Opa. Dabei ist Nelke ja auch nicht gleich Nelke. Da gibt es die funkensprühenden Spraynelken, kleinblütige Duftnelken, Staudennelken, Bartnelken, Federnelken u.v.a. – also eine große Familie. Da ist es wie in jeder Verwandtschaft: Die einen mag man, die anderen weniger – eine Chance sollten sie aber alle bekommen.

Geschichte

Die Nelke gelangte vermutlich erst im Laufe des späten Mittelalters aus Italien zu uns. Dort wurden schon zuvor Stirnkränze aus Nelkenblüten gewunden und Riechwasser mit Nelkenblüten angereichert.

Die Namensgebung dieser Pflanze ist von zwei Seiten her betrachtet äußerst interessant: Für den botanischen Namen sind die alten Griechen verantwortlich. Sie hatten diese wundervoll duftende Blume ihrem Gott Zeus geweiht und nannten sie *Dios anthos* – „göttliche Blume". Vom deutschen Namen „Nelke" ausgehend kommt man auch zur „Blume Gottes", allerdings auf einem etwas längeren Weg, und da sind wir auch wieder im Mittelalter: Die Blume duftet nämlich sehr ähnlich wie die schon damals bekannte Gewürznelke, ist mit dieser aber nicht verwandt. Die Gewürznelke hieß *negelîn* (Näglein), weil ihre Form an einen Nagel erinnert. Und aus diesem Grund wiederum wurde sie zu einem Symbol der Passion Christi, den man mit Nägeln an das Kreuz geschlagen hatte. Das alles übertrug man nun zusammen mit dem Namen auf die Blume, und schon sind wir wieder beim lateinischen Namen *Dianthus* („Blume Gottes").

Ein alter Hochzeitsbrauch verlangte, dass der Bräutigam eine Nelke im Kleid der Braut suchen musste. Da die Kleider damals üppig ausfielen, konnte die Suche einige Zeit in Anspruch nehmen. Nelken wurden so zu einem Symbol der Ehe. Viele alte Gemälde stellen daher den Porträtierten oder die Porträtierte mit einer Nelke dar, um zu zeigen, dass er oder sie verheiratet oder versprochen war.

Die Nelke im Garten

In früheren Jahrhunderten war es nicht einfach, die Nelke zu ziehen, da die meisten mehrjährigen Sorten der im Mittelmeerraum beheimateten Blume nicht winterhart waren. Man kultivierte sie daher in Töpfen, die man zum Überwintern ins Haus brachte. Heute gibt es neben den einjährigen auch ausdauernde, winterharte Sorten, allerdings freuen auch diese sich über einen Winterschutz. Nelken bevorzugen einen sonnigen und trockenen Standort; im Schatten sind sie anfällig für Krankheiten. Vor dem Austrocknen schützt sie eine wachsartige Schicht auf den Blättern. Neben dem Wunsch nach ausreichend Sonne stellen die Nelken keine besonderen Ansprüche an den Standort, lieben aber durchlässige Böden. Die Blüten der Nelke erscheinen je nach Sorte von Mai bis September, können gefüllt und ungefüllt sein und bis zu handtellergroß werden. Besonders reizvoll sind zweifarbige Blüten und Sorten, welche bei Sonneneinstrahlung herrlich duften. Nelkenduft können wir durchaus an uns tragen, ist er doch in so mancher feinen Duftkomposition enthalten. Übrigens sind Nelkenblüten auch kulinarisch genießbar, z. B. im Salat, in Tees, eingelegt in Alkohol oder als essbare Dekoration für Süßspeisen. Eine Blume für alle Sinne!

Grüner-Apfel-Strauß

So frühlingsfrisch können Nelken sein. Kopf an Kopf – Edelnelke und grüne Bartnelke – apfelrund. Dazu wird unsere Nase durch den süßlichen Duft der Levkojen verwöhnt. Ein Strauß zum Anbeißen mit zwei Bindestellen und ganz ohne zusätzliches grünes Beiwerk.

1. Apfelbaumzweige auf entsprechende Wuchsform hin suchen (Dabei erledigt sich gleich der Frühjahrsrückschnitt).
2. Von den Blütenstielen alle Blätter entfernen.
3. Dann beginnt das Binden des Straußes: Die Mitte aus Levkojen besteht aus einer Blüte im Zentrum, an die sich die anderen parallel anlehnen.
4. Am Grund der Levkojenblüten wird nun ein grüner Kranz aus Bartnelken angelegt.
5. Es folgt etwas tiefer und leicht schräg nach außen eine Runde aus Edelnelken.
6. Grüne Bartnelken schließen den Strauß zunächst ab.
7. Dieser „erste“ Strauß wird nun an der schmalsten Stelle – dort, wo sich die Hand befindet – abgebunden.
8. Danach werden die Blütenzweige so angelegt, dass sie die Blüten locker umschließen.
9. Eine zweite Bindestelle hält alles zusammen.
10. Zuletzt werden die Stielenden angeschnitten und der Strauß schräg in ein passendes Gefäß eingestellt.

MAN BENÖTIGT DAZU:
12 grüne Edelnelken
15 grüne Bartnelken
6 Levkojen
5 krumm gewachsene blühende Apfelbaumzweige
„Vase“ (hier ein alter Kochtopf)
Bindebast
Rebschere
Messer

Arbeitszeit: 30 Minuten
Schwierigkeitsgrad:

TIPP: Durch die massiven Blüten der Nelken entsteht wie von selbst die Apfelform, und die Stielenden spreizen sich (möglichst spiralförmig) leicht nach außen ab. Die erste Bindestelle sitzt sehr tief (auf halber Länge der Stiele), das verhindert, dass die Nelken an ihren Nodien (Wachstumsringe) brechen.

Eine Runde durch den Bauerngarten

Nicht die Buchsbaumhecke umschließt hier die Kräuter, sondern ein buntes Beet aus einfachen Blumen. Was sind einfache Blumen? Sie wissen um ihre Schönheit, ohne sich in den Vordergrund spielen zu wollen, und freuen sich über Artgenossen neben sich. Denn: Zusammen haben sie dann ihren großen Auftritt. Das wissen auch Bartnelke und Spraynelke. Wichtig: Das Gefäß ordnet sich durch Material und Struktur unter und unterstützt so die natürliche Schönheit der Blumen.

1. Die Gummieinsätze werden in den Korb eingepasst und auf die entsprechende Höhe gekürzt.
2. Die Kräuterpflanze ohne Pflanztopf in den kleineren Einsatz einpflanzen und in den Korb einstellen.
3. In die entstandene Lücke zwischen den beiden Einsätzen wird Wasser eingefüllt; dies ist unsere „Ringvase".
4. Nach und nach – beginnend mit den verzweigten Blütenstielen des Borretschs – werden die Blumen angeschnitten und eingestellt. Die Zweige des Thymians geben den Blumen Halt.

MAN BENÖTIGT DAZU:
1 Kräuterpflanze (hier Thymian)
20 Stiele bunte Bartnelken
20 Stiele Goldlack
5 Stiele Spraynelken
5 Stiele Borretsch
1 Gefäß aus Weide (Durchmesser 35 cm)
2 Gummieinsätze aus dem Hydrobedarf (Durchmesser 35 und 30 cm)
Allzweckschere
Messer

Arbeitszeit: 40 Minuten
Schwierigkeitsgrad: ✻

TIPP: Mit dieser „Gefäß-in-Gefäß-Technik" lassen sich Pflanzen auch in Arbeiten mit Schnittblumen „einsetzen", ohne dass Gefahr besteht, diese zu vernässen. Überhaupt sind Gummieinsätze super, um Gefäße aller Größen abzudichten.

Bartnelkenherz

Da mir der Titel dieses Buchs Verpflichtung ist, versuche ich auch viele natürliche, alternative Steckhilfen auszuprobieren und vorzustellen. Dieser Versuch mit langen, zur Form gebundenen Gräsern hat mich wegen seiner tollen Haltbarkeit voll überzeugt ... und Bartnelken können so schön sein! Übrigens: Wenn man sie einmal im Garten hat, säen sie sich von selbst aus. Auch als Pflanze in Kübeln und Kästen gedeihen sie prächtig – volle Sonne vorausgesetzt.

1. Formgebend für die Unterlage werden vier Schichten Aludraht zum Herz gelegt und miteinander verdreht.
2. Mit Hilfe von Wickeldraht wird dann das Gras auf die Herzform gebunden. Nicht zu fest, damit die Blüten noch leicht eingesteckt werden können.
3. Die Form auf einen mit etwas Wasser gefüllten Unterteller auflegen.
4. Die Bartnelken mit dem Messer auf 2–3 Zentimeter kürzen und leicht schräg in die Grasform einstecken, so dass die Stielenden auf der Rückseite ins Wasser reichen. Die Blüten umschließen das obere Drittel der liegenden Form.

MAN BENÖTIGT DAZU:

- 3 Bund Bartnelken (Dianthus barbatus), bunt gemischt
- 2 Handbunde lang geschnittene Wiesengräser
- Aludraht
- Unterteller zum Wässern (Durchmesser entsprechend der Herzgröße)
- Messer
- umsponnener Wickeldraht

Arbeitszeit: 45 Minuten
Schwierigkeitsgrad: ❀

TIPP: Als Schmuck für besondere Anlässe hält dieses Herz auch gut zwei Tage ohne Wasser und trocknet dann ein.

Nur Nelken!

Dieser Strauß besteht – abgesehen vom Rand aus Sisal – nur aus Nelken. „Aber das Schleierkraut?", werden Sie fragen. Ja, auch das ist ein Nelkengewächs. Oft höre ich: „Bloß keine Nelken" oder „Auf gar keinen Fall mit Schleierkraut". Muss ja auch nicht, aber wenn Schleierkraut, dann richtig üppig und ohne grünes Beiwerk. (Kennen Sie die Schleierkrautwolke aus meinem ersten Buch?) Ich meine, es kommt immer auf die Kombi an. Super interessante Edelnelken mit Duft und Farbpower liegen in einem Beet aus Schleierkraut – ganz flächig verarbeitet. Das Ganze umschlungen von einem Muff aus Agavenfaser (Sisal).

Die Vorarbeit:
1. Die Sisalfaser lang und doppeltbreit auf einer abgedeckten Unterlage auslegen. Je Sorte eine Nelkenblüte entblättern und die Blütenblätter auf einer Hälfte des Sisals auslegen. Nun kräftig mit Kleber besprühen, die Sisalbahn zusammenklappen und etwas andrücken.

Jetzt zum Strauß:
2. Bis auf Höhe der späteren Bindestelle die Blätter am Nelkenstiel entfernen.
3. Die Schleierkrautzweige in kürzere Teilstücke schneiden.
4. Jetzt geht's endlich los: Eine Nelke bildet die Mitte. Um sie herum werden Schleierkraut und weitere Nelken spiralförmig (Technik siehe „Feldstrauß" Seite 94) angelegt. So entsteht eine flache Kuppel.
5. Nun den Strauß an der Haltestelle zusammenbinden.
6. Das vorbereitete Sisalband schlinge ich locker über den Rand des Straußes.
7. Einige Fasern ineinander ziehen und mit etwas Kleber fixieren.
8. Den Strauß mit der Schere ab- und mit einem Messer anschneiden und ab in die Vase.

MAN BENÖTIGT DAZU:
18 Nelken in drei Sorten
5 Stiele Schleierkraut
1 Meter lockere Agavenfaser
„Sisal", creme
Sprühkleber
Rebschere
Messer
Band

Arbeitszeit: 50 Minuten
Schwierigkeitsgrad: ✖ ✖ ✖

TIPP: Wer gerne mit Sisal arbeitet, kann mit dessen Hilfe tolle Formen (z. B. Osterei) oder Manschetten um Pflanzen herstellen. Eingelegte trockene Pflanzenteile unterstreichen die Natürlichkeit dieses Werkstoffs.

Rittersporn

DELPHINIUM

Suchst du das Höchste, das Größte?
Die Pflanze kann es dich lehren.
Was sie willenlos ist,
sei du es wollend – das ist's.

FRIEDRICH SCHILLER (1759–1805), DAS HÖCHSTE

Aus dem Staudenbeet stolz herausragend, verbindet der Rittersporn sich
mit dem Blau des Himmels gerade so, als wollte er immer höher wachsen.
Das ist herrlich anzuschauen. Die blaue Blütenfarbe ist aber in unseren
Köpfen so untrennbar mit dem Rittersporn verbunden, dass es sogar die
These gibt, die berühmte „Blaue Blume" der Romantik sei der Rittersporn.
In den Werken der Romantik steht diese (fiktive) Blume für Sehnsucht und
das Streben nach dem Unendlichen – da die Blume nicht benannt wird,
streiten sich die Geister, ob eine echte Blume gemeint war und welche es
sein könnte. Unabhängig davon, ob der Rittersporn nun tatsächlich der
romantische Inbegriff der Sehnsucht ist, bleibt die Tatsache, dass die ris-
pen- oder traubenförmig aufgebauten Blüten eine äußerst eindrucksvolle
Garten- und Schnittblume darstellen.

Geschichte

Der Rittersporn verdankt seinen deutschen Namen dem auffälligen Blütensporn an der Unterseite der Blüte. Dieser erinnert an die Sporen, mit denen die Ritter ihre Pferde antrieben. Ein anderer deutscher Name – nämlich „Kreienfot" – verweist ebenfalls auf die besondere Form der Blüte, vergleicht diese aber mit einem Krähenfuß. Und auch der lateinische Name *Delphinium* bezieht sich auf die Blütenform, stellt aber Parallelen zu einem Delphin her.

Rittersporn ist bei uns heimisch. Er blickt daher auf eine Tradition als Heilpflanze zurück: Früher galt er als harntreibend und wirksam gegen Würmer, außerdem als Mittel zur Empfängnisverhütung und zur Heilung von Augenkrankheiten. Seine Heilwirkung kommt nicht zuletzt von den in allen Pflanzenteilen enthaltenen Alkaloiden. Er ist wie z. B. der Eisenhut giftig, nur nicht so stark. Das sollte man auch beim Pflanzen im Garten beachten.

Der Rittersporn im Garten

Beim Rittersporn unterscheidet man zwei Gattungen, die sehr nahe miteinander verwandt sind: Die einjährigen Feldrittersporne (*Consolida*) mit den im Regelfall zarteren, einfacheren Blüten und die überwiegend mehrjährig gezogenen Garten-Rittersporne (*Delphinium*). Beide Gattungen werden im Garten angepflanzt und blühen meist blau, wenn auch das Farbspektrum durch Züchtung heute von Weiß über Rosa und Gelb bis hin zu Violett reicht.

Die gezüchteten Hybridsorten des Gartenrittersporns können bis zu zwei Meter hoch werden. Die Pflanzen lieben es, wenn sie genügend freien Raum um sich haben, an einem sonnigen, aber nicht zu heißen Standort mit beschattetem Fuß. Wegen des hohlen Stängels brechen diese gerne bei Wind und Regen. Wenn man das vor der Pflanzung bedenkt, bieten sich auch schöne Alternativen zum normalen Anbinden an einen Pfahl. So werden eine Mauer oder der Gartenzaun gerne als Anlehnmöglichkeit angenommen. Mit einem kleinen Holzstab (Splittstab) lässt sich ein geknickter Blütenstiel auch an der Pflanze stützen. Dazu einfach von oben her einschieben und so von innen schienen.

Die dekorativen Blüten erscheinen im Juni/Juli; schneidet man die verblühten Teile beherzt ab, blüht die Pflanze meist im September/Oktober erneut. Der Feldrittersporn begeistert in der Kombination mit weiteren Einjährigen wie Ringelblume, Schmuckkörbchen & Co. in einem gemischten Beet. Und damit das ganz einfach gelingt, werden auch schon Saatmischungen angeboten. Übrigens gehören die Rittersporne zur Familie der Hahnenfußgewächse – wer hätte das gedacht; auch die gelbe Butterblume gehört dazu.

Einfach gekugelt

Zart-luftig und erfrischend leicht kommt diese Idee daher. Dabei könnten alle drei Hauptdarsteller auch alleine begeistern – im Zusammenspiel entsteht eine runde Sache: Der Staudenrittersporn in blassen Rosatönen dominiert die Gestaltung und strebt nach oben. Der Sonnenhut bringt ein unglaubliches Orange mit, während die Liatris – welche Laune der Natur – ihre Blüten von oben nach unten öffnet. Umspielt wird dieses Stauden-Trio von schwimmenden Wasserpflanzen.

1. Aus den Ranken des Knöterichs wird zunächst eine Kugel geschlungen. Je eine verschlungene Ranke bildet den Längen- und Breitengrad (Äquator) dieser Kugel, drum herum kommen weitere Ranken. Nur Mut: Einfach loslegen und probieren.
2. Die Kugel in die Schale legen.
3. Den Stein einlegen, um die Kugel zu stabilisieren, und Regenwasser (wegen der Wasserpflanzen) einfüllen.
4. Nun werden nach und nach die Blumen eingestellt. Dabei die untersten Blätter entfernen und die Stiele anschneiden. Die Blumen werden hier ihrem natürlichen Wuchs nach angeordnet. So könnten sie auch miteinander im Staudenbeet stehen.
5. Zuletzt nur noch die Wasserpflanzen einlegen.

Die hier gezeigte Technik ist durch die Größe der gewundenen Kugel auch eine sichere Sache für lange Blumen.

MAN BENÖTIGT DAZU:

5 Stiele Staudenrittersporn
6 Stiele Prachtscharte (Liatris)
5 Stiele Sonnenhut (Echinacea)
5 lange Gräser
1 Wasserhyazinthe
1 Muschelblume (Wassersalat)
einige lange Ranken vom schlingenden Knöterich
1 große flache Schale
1 Stein
Messer
Rebschere
Regenwasser

Arbeitszeit: 45 Minuten
Schwierigkeitsgrad: ❀❀

TIPP: Die verschiedenen Stecktechniken sind, verglichen mit dem Binden von Sträußen, für viele Freizeit-Floristen oft die einfachere Art der Arbeit mit Blumen. Um sogenannte alternative Stecktechniken zu entwickeln, braucht man oft nur etwas Mut und Fantasie. Viele dieser Techniken zeige ich Ihnen in meinen Büchern und im ARD-Buffet. Denken Sie nur an Zweige, Rohre, Backsteine oder Zapfen.

Himmelblau & Ruhmesrot

Im Nebeneinander mit der Ruhmeskrone verneigt sich der sonst so aufstrebende Rittersporn tief (entgegen jeder Gestaltungslehre!). Er wirkt hier somit nicht als Blütenstand, sondern in vielen kleinen Einzelblüten.

1. Die Birkenzweige gleich lang auslegen, die Enden entsprechend einkürzen und je fünf Stiele zu insgesamt zwei Bund zusammenfassen (mit Hilfe von Haushaltsgummis).
2. Die Bunde gegeneinander legen und jeweils Spitze und Ende mit Drahtwicklungen verbinden. Die Haushaltsgummis aufschneiden und entfernen.
3. Für die Breite werden die Abschnitte der Zweige als Abstandshalter in der Mitte des Bogens längsseits eingewoben und evtl. mit Draht fixiert.
4. Durch das Auflegen auf ein mit Wasser gefülltes Gefäß entsteht von selbst die Form eines Bogens.
5. Die Clematisranken erweitern das Gerüst in die Höhe.
6. Jetzt werden die Blumen eingewoben, beginnend mit dem Rittersporn. Mit dem Stielende voraus fügt sich der Blütenstand in die Grundform. Die Gloriosalilie wird ebenso vorsichtig verarbeitet. Alle Stiele nicht zu sehr abbiegen, da sie sonst brechen. Aus diesem Grund verzichte ich auch auf eine Bindestelle, in der ja die Stiele alle zusammenlaufen müssten. Wichtig ist natürlich, dass die Blumen ausreichend mit Wasser versorgt sind.
7. Einige Zweige Strandflieder – die auch ohne Wasser halten – setzen feine Töne im kräftigen Duett der Grundfarben.

MAN BENÖTIGT DAZU:

- 1 Handbund lange Zweige der Hängebirke
- 5 Stiele Gloriosalilien (Ruhmeskrone)
- 5 Stiele Rittersporn Sorte 'Völkerfrieden'
- 3 Stiele Strandflieder (Limonium)
- 5 Ranken der wilden Clematis oder Gartenclematis
- 1 Gefäß (hier Zinkeimer)
- Wickeldraht
- Rebschere
- Messer
- Haushaltsgummis

Arbeitszeit: 60 Minuten
Schwierigkeitsgrad: ❀❀❀

TIPP: Es knallt ganz schön, wenn zwei Grundfarben aufeinander treffen. Die dritte Grundfarbe Gelb versteckt sich dezent in der Blüte der Gloriosalilie. Farben sind ein starkes Gestaltungsmittel. Oft wird deren Wirkung in der floralen Arbeit durch grünes Beiwerk abgeschwächt bzw. harmonisiert. Da ich hier bewusst kein weiteres Grün einsetze, übernehmen die Blätter, Stiele und Ranken der Gloriosalilie diese wichtige Rolle.

Sommer im Flieder

Immer wieder überraschen die Pflanzen nach ihrer Blüte mit interessanten Fruchtständen. Es lohnt sich also, Blüten ausreifen zu lassen, um deren Samenstände zu verarbeiten. Hier besteht das natürliche Gerüst aus den Fruchtzweigen des Fliederbaumes. Ländlich-fröhlich wirkt die Reihung alter Milchkrüge. Das rustikale Tablett macht daraus eine transportable Einheit.

1. Zuerst werden die mit Fruchtständen besetzten Zweige des Fliederbaums auf die entsprechende Länge gekürzt, gegeneinander und ineinander verwoben und mit etwas Garn umsponnen.
2. Die Krüge auf das Tablett stellen, Wasser einfüllen und das Gerüst auflegen.
3. Dann wird das Gerüst durch das Einbringen von Apfelzweigen, Brombeerzweigen und Dillblüten in die Höhe erweitert.
4. In den so entstandenen Zwischenräumen finden nach und nach die Blüten ihren Platz. Die Blumen bewusst schräg und nach allen Seiten in das Gerüst einstecken. „Wie zufällig" soll die Anordnung wirken. Alle Blütenstiele enden in den Krügen.
5. Die Szenerie wird durch eingelegte Äpfel und Beeren der Eberesche als neckischer Farbkontrast ergänzt.

MAN BENÖTIGT DAZU:

10 Zweige mit Fruchtständen
   vom Flieder
5 Stiele Zwergrittersporn
8 Stiele Schmuckkörbchen
   (Cosmea)
5 Stiele Strohblumen
3 Stiele Dillblüten
5 Zweige Brombeeren
3 Zweige mit Äpfeln
diverse Milchkrüge
1 Holztablett
für die Ausschmückung Äpfel
   und Eberschebeeren
blaues Garn (siehe Tipp)
Rebschere
Messer

Arbeitszeit: 35 Minuten
Schwierigkeitsgrad: ✖ ✖

TIPP: Anstelle von Schmuckdraht verwende ich gerne buntes Nähgarn, um Werkstoffe locker zu umspinnen oder Blätter an Gefäßen zu befestigen. Das Garn fügt sich dezent, aber mit dem gewissen Aha-Effekt in die Arbeit ein.

Rittersporn auf Sockel

Die Leichtigkeit sommerlicher Blumenvielfalt beglückt uns in üppigen Sträußen. Einen Teil dieser Blüten habe ich in dieser Arbeit neu platziert. An einem über das Jahr hinweg vielfach verwendbaren Grundaufbau findet der Ackerrittersporn seine tragende Rolle für leuchtend farbige Zinnien.

Der Unterbau:

1. Den Holzsockel auf ebenen Stand prüfen.
2. Von oben entlang des Randes senkrechte Löcher bohren, im Abstand von ca. 2 cm. Die Stärke des Bohrers richtet sich nach dem Durchmesser der Stiele der Rohrkolben.
3. Die Rohrkolben werden nun in die Öffnungen eingesteckt und halten ohne weitere Befestigung.
4. Eine nackte Clematisranke um und durch die Stiele winden.
5. Die Knöterichstangen knapp unterhalb der Nodien (= Wachstumsringe) durchsägen.
6. Ca. 10 Teilstücke des Knöterichs rundherum an den Stielen der Rohrkolben mit Draht befestigen, mit je einem Orchideenröhrchen bestücken und Wasser einfüllen.

Die Ausschmückung hier:

7. Eine blühende Clematisranke umschlingt den Unterbau.
8. Zunächst wird der Rittersporn in die Röhren eingestellt, er bleibt unterhalb der Rohrkolben zwischen deren Stielen.
9. Die Blüten der Montbretien blühen auf Höhe der Kolben, und Zinnien bringen weitere Farbpower in die Gestaltung. Alle angeschnittenen Stiele enden in den mit Wasser gefüllten Röhren.

MAN BENÖTIGT DAZU:

1 Bund Ackerrittersporn (einjährig, auch als Sommerrittersporn bezeichnet)
1 Bund kleinblütige Zinnien
8 Stiele Montbretien (Crocosmia)
2 Ranken der wilden Clematis, eine davon mit Blüten
ca. 3 Stangen Japanknöterich
8–10 Orchideenröhrchen
20 getrocknete Rohrkolben (Typha) vom Floristen
1 Stück Stammholz oder Holzklotz
Bohrmaschine und Bohrer
Handsäge mit feinem Sägeblatt
Rebschere
Wickeldraht
Messer
Sprühkleber

Arbeitszeit: 120 Minuten
Schwierigkeitsgrad: Unterbau ❀❀❀, Ausschmückung ❀

TIPP: Die Rohrkolben halten ewig, wenn sie nicht „verletzt" werden. Einmal angeschlagen lösen sie sich nach und nach auf. In warmer Zimmerluft verbreiten sich die Samen wie von selbst. Um dem vorzubeugen, hilft eine einmalige Schicht Sprühkleber – einfach antrocknen lassen.

Fontänenstrauß

Kein füllendes Beiwerk gibt diesem Strauß seine Üppigkeit, kein Verstecken oder Stopfen, sondern Blume pur. Ich nehme hier das Gras mit gutem Gewissen zu den Blumen dazu. Mit seinen Fontänen kitzelt es jede Blüte im Gesicht und fragt: Was wärt ihr ohne mich? Während des Bindens lernen wir ganz nebenbei die Grundregeln des rund gebundenen Straußes.

MAN BENÖTIGT DAZU:
2 Bund Ackerrittersporn
2 Bund großblütige Zinnien
1 Bund Rudbekia
1 Bund Matricaria
   (Mutterkraut)
30 Stiele Fontänengras
Messer
Rebschere
Bindebast

Arbeitszeit: 35 Minuten
Schwierigkeitsgrad: ✿ ✿ ✿

1. Von allen Blütenstielen werden – bis auf das obere Drittel – alle Blätter entfernt.

2. Nun beginnt man mit einer Blüte für die Mitte des Straußes. Sinnvollerweise ist dies eine besonders „merkwürdige" Blüte, damit wir sie später wiederfinden.

3. An diesen Blütenstiel werden nun nach und nach weitere Stiele angelegt. Jeder Stiel wird an der späteren Bindestelle in der Haltehand gefasst und von ihr festgehalten. Zwischen dem Anlegen den Strauß mit der anderen Hand fassen und drehen.

4. Je weiter wir mit den Blüten nach außen kommen, desto mehr spreizen sich auch die Stielenden nach außen ab. Wenn man dies beachtet, findet man mit etwas Geschick die eigene Technik für das „spiralförmige Anlegen" der Stiele.

5. Durch immer größeren Abstand zur ersten Blüte und Beibehalten des Abstandes der Blüten zur Bindestelle entsteht die Form einer Kuppel.

6. Bei dieser Größe kann man den Strauß gerne zwischendurch abbinden („zwischenbinden").

7. Zuletzt werden Rittersporn und Gräser angelegt.

8. Den Strauß nun an der schmalsten Stelle (dort, wo die Haltehand ist) abbinden.

9. Den Strauß mit einer Rebschere abschneiden, die Stielenden mit einem scharfen Messer anschneiden und sofort ins Wasser stellen.

TIPP: Hohle Stiele, wie die der Zinnie, können von innen mit Draht gestützt werden. Dazu grün lackierten Stützdraht von oben durch das Zentrum der Blüte in den Schaft einstecken. So kann eine geknickte Blume schnell wieder aufgerichtet werden.

Kornblume

CENTAUREA CYANUS

Kornblumen flecht' ich dir zum Kranz
Ins blonde Lockenhaar.
Wie leuchtet doch der blaue Glanz
Auf goldnem Grund so klar!

Der blaue Kranz ist meine Lust;
Er sagt mir stets aufs neu,
Wohl keine sei in tiefster Brust
Wie du, mein Kind, so treu.

Auch mahnt sein Himmelblau zugleich
Mich heimlich süßer Art,
Dass mir ein ganzes Himmelreich
In deiner Liebe ward.

EMANUEL GEIBEL (1815–1884), KORNBLUMEN FLECHT` ICH DIR ZUM KRANZ

Diese Blume hat es wirklich nicht leicht: geliebt und gehasst, unbeständig und treu. Als Unkraut fast ausgerottet (daher sind die Wildformen heute geschützt) und als Wildkraut geliebt. Einst war sie Symbol für Unbeständigkeit, da die alten Sorten in der Vase schnell ihre blaue Farbe verloren. Erst mit der Züchtung neuer, farbbeständiger Sorten wandelte sich die Bedeutung, so dass die Blume spätestens seit dem 19. Jahrhundert für Treue steht. Da die Treue auch zu den sogenannten preußischen Tugenden gehört und Blau zudem als Farbe Preußens gilt, war die Kornblume die Lieblingsblume Kaiser Wilhelms I. (1797–1888). Ihren Namen verdankt die Blume der Tatsache, dass sie früher oft in Getreidefeldern zu finden war. In florale Arbeiten bringt diese „harmlose" Blume ein himmlisches Leuchten. Schon wenige Blüten bereichern die Gestaltung, doch Achtung: Nur einige Blüten mehr dominieren sie.

Die Kornblume im Garten

Die Kornblume gehört zu den Flockenblumen. Bedingt durch ihren krautigen Wuchs ist das Entfernen der Blätter für eine optimale Haltbarkeit als Schnittblume sehr wichtig. Im Garten ist die hübsche Zier- und Schnittblume äußerst pflegeleicht. Sie liebt sonnige, nicht zu feuchte Standorte und kommt auch gut mit Trockenheit zurecht. An den Boden stellt sie keine besonderen Ansprüche.

Die hier beschriebene und verarbeitete einjährige Kornblume (*Centaurea cyanus*) samt sich oft selbst aus, so dass man die schönen Blüten auch im nächsten Jahr von Juni bis Oktober wieder bewundern kann. Verblühtes sollte regelmäßig ausgeputzt werden – dann verlängert sich die Blütezeit durch nachwachsende Knospen. Durch Züchtung gibt es inzwischen neben der traditionellen blauen Farbe auch weiße, rosafarbene, rote und violette Sorten mit gefüllten oder ungefüllten Blüten. Für den Staudengarten gibt es ebenfalls mehrjährige Flockenblumen-Arten mit deutlich größeren Blüten. Am besten wirken Kornblumen auch im Garten im Zusammenspiel mit Mohn oder Schafgarbe, ähnlich wie ihre wilden Verwandten im Getreidefeld. Da die Stängel manchmal nicht von selbst standfest sind, sollten Kornblumen gestützt werden oder es sollten andere Blumenarten oder weitere Kornblumen dicht daneben stehen – im Feld übernimmt diese Stützfunktion nämlich das Getreide.

Die Blüten der Kornblume sind essbar. Man findet sie daher gelegentlich in Tees oder Salaten, wo sie äußerst dekorativ wirken.

Geschichte

Die Kornblume ist schon seit Jahrtausenden in Europa bekannt und untrennbar mit dem Getreideanbau verbunden. Ursprünglich aus dem Mittelmeerraum kommend, gelangte sie wohl im Saatgut immer weiter nach Norden, wo sie – zwischenzeitlich durch Pestizide fast ausgerottet – seither heimisch ist. Dementsprechend spielte sie im Erntebrauchtum eine wichtige Rolle, und auch die christliche Symbolik weist ihr einige Bedeutung zu. Diese beruht vor allem auf einer griechischen Sage: Der griechische Held Herkules verletzte eines Tages versehentlich seinen Lehrer, den weisen Kentauren Chiron, mit einem mit Schlangengift versehenen Pfeil. Chiron jedoch konnte sich mit Hilfe der Kornblume selbst heilen. Weil im Christentum die Schlange ein Symbol für den Teufel ist, wurde die gegen das Schlangengift wirksame Kornblume mit Jesus gleichgesetzt, der den Teufel besiegt. Wegen ihrer blauen Farbe, die an den Himmel erinnert, steht die Blume sinnbildlich auch für das himmlische Paradies.

Ihren botanischen Namen *Centaurea cyanus* verdankt die Kornblume der Legende um den Kentauren Chiron und ihrer leuchtend blauen – also cyanen – Farbe.

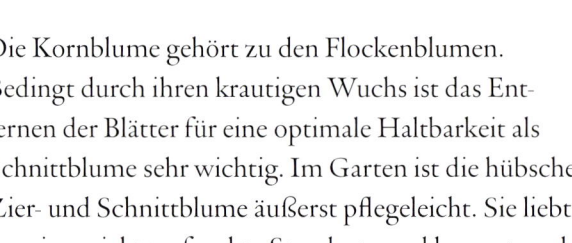
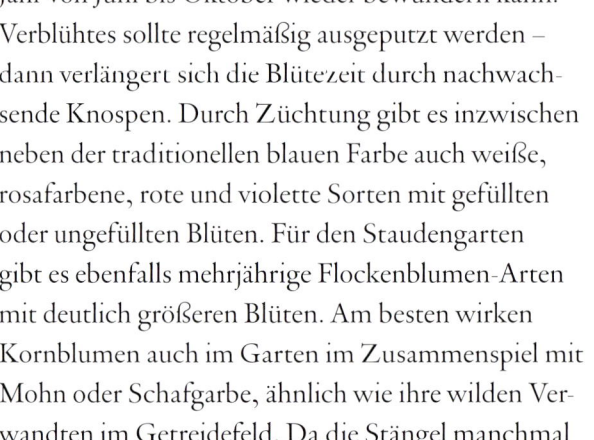

Feldstrauß

„Ein Stück heile Welt", dachte ich mir, als wir diese Arbeit fotografiert haben. Das Bild vom Ährenfeld mit Kornblumen, Mohn und Margeriten weckt das Kindliche in uns. Mohnblumen sucht man aber vergebens in meinem Strauß. Ich wollte ihn schlichter halten, mit Mohn schien er mir doch zu sehr Post-kartenmotiv. Manchmal ist weniger eben doch mehr. Ganz natürlich und durch die frischen Ähren wenig rustikal, sogar irgendwie edel, steht er da. Hier gibt es drei Blümchen im Schwierigkeitsgrad. Es lebe die handwerkliche Herausforderung!

1. Zuerst alle Blätter von den Stielen der Blumen entfernen.
2. Dann die Ähren auf eine Länge schneiden
3. Dieser Strauß wird spiralförmig gebunden. Von der Mitte ausgehend werden unter gleichmäßigem Drehen im Wechsel Blumen und Ähren angelegt. Unbedingt darauf achten, dass die Haltehand (rechts oder links – einfach ausprobieren) immer auf gleicher Höhe bleibt. Die Blüten sind gestuft unterhalb der Ähren angeordnet. Denken Sie ans Mikado-Spiel, bevor die Stäbchen fallen, so locker können sie den Strauß halten. Be-halten Sie die anfängliche Länge der Ähren bei, dann geht der Strauß automatisch nach außen und bekommt eine schöne runde Form.
4. Den Strauß nun abbinden. Mit Bindebast bekommt man eine schmale Bindestelle. Darüber kommt das breite Band, es hält den Strauß optisch zusammen.
5. Die Stiele zu einer flachen Standfläche einkürzen und die Blütenstiele anschneiden.
6. Die Schale mit Wasser füllen und den Strauß einstellen.

MAN BENÖTIGT DAZU:

ca. 60 Ähren (Gerste wegen der schönen Grannen) – beim Bauern oder Floristen fragen
2 Bund Kornblumen
2 Bund Staudenmargeriten
1 flache Glasschale (Durch-messer hier 25 cm)
1 m Band
Rebschere
Messer
Bindebast

Arbeitszeit: 45 Minuten
Schwierigkeitsgrad: ✾ ✾ ✾

TIPP: Zwei Tricks für besseren Stand: 1) Den Strauß zwischendurch öfter abbinden.
2) Einen Steckigel in die Schale legen und so den Strauß aufstecken.

Blütensalat

Die sind doch ganz prächtig gewachsen, die Salatsetzlinge aus der Idee von Seite 20. Die bepflanzte Salatschale ist die Grundlage für eine sommerliche Tischdekoration oder auch ein schönes Mitbringsel zur Hauseinweihung, zum Gartenfest oder einfach für Menschen, die Grünes dringend brauchen können. Für die nötige Heiterkeit sorgen Margeriten und – ganz wichtig – blaue Kornblumen. Bitte stören Sie sich nicht an der Patina der Schale – das muss so sein!

Vorarbeit:

1. Ca. 4 Wochen zuvor die Schale bepflanzen … und danach gießen und Schnecken fernhalten.

Ausarbeitung:

2. Mit Wasser gefüllte „Röhrchenvasen" zwischen die Salatköpfe in die Erde einstecken und die Stielgläser einstellen.
3. Nun wird's blumig: Die Blumen so ab- und anschneiden, dass ihre Blüten über dem Salat schweben. Mehrere Stielenden finden in einem Röhrchen Platz und Wasser. Die Röhrchen aufgrund ihrer geringen Größe öfter mit Wasser auffüllen.
4. Die romantische Erleuchtung an lauen Sommerabenden kommt mit den eingestellten Kerzen. Die Stielgläser werden so zum Windlichtglas. Bitte beachten Sie, dass keine Blüten direkt an den Flammen sind.

MAN BENÖTIGT DAZU:

1 Tonschale mit Salatpflanzen verschiedener Färbung
1 Bund Kornblumen
1 Bund Staudenmargeriten
1 Bund gelbe Schafgarbe
8 Orchideenröhrchen oder Reagenzgläser
3 Stielgläser
3 Stumpenkerzen entsprechender Größe
Messer

Arbeitszeit: 30 Minuten
Schwierigkeitsgrad: ❀

TIPP: Meine dritte Idee mit diesen Salatpflanzen: essen! Und zwar rechtzeitig. Ganze Köpfe werden sich in der Schale nicht bilden, aber toller Schnittsalat ist es auf jeden Fall. Das Foto von dieser vernichtenden Idee haben wir während des Essens vergessen – sorry.

Wie gemalt

Eigentlich möchte ich diese Idee nicht beschreiben – nur genießen, denn sie spricht für sich.

Nur so viel: Die Erdbeeren gesellen sich zu ihrer Rosenverwandtschaft, und eine alte Technik wird neu entdeckt: der Mooskranz als Steckbasis. Und da dies zu brav wäre, bekommt die Kornblume ihren großen Auftritt.

1. Den Aludraht entsprechend der Größe des unteren Tellers mehrfach zum Kreis legen und verdrehen.
2. Auf diesen Draht wird dann das Moos gleichmäßig und locker aufgebunden.
3. Die Etagere auf den Unterteller stellen (wichtig, weil Moos Wasser leitet und der untere Teller nicht wasserdicht ist) und den Mooskranz einlegen.
4. Auf dem oberen Teller einen kleinen Mooshügel bilden und locker umwickeln.
5. Beide Moosunterlagen wässern.
6. Alle Stiele an den Rosenblüten bis auf ca.1 cm mit dem Messer kürzen und so in das Moos einstecken, dass die Blüten auf dem Moos aufsitzen.
7. Kornblumen und Skabiosen in gleicher Weise einstecken.
8. Erdbeeren einlegen – einige auch zwischen den Blüten.
9. Genießen mit allen Sinnen.

MAN BENÖTIGT DAZU:
4 Bund verzweigte Rosen in Pink und Rosa
1 Bund Kornblumen
7 Skabiosenblüten
2 Schalen Erdbeeren
einige Hände voll Moos (bei mir aus dem Schattenrasen im Garten)
3er-Etagere (Höhe 35 cm, unterer Tellerdurchmesser 26 cm)
1 Unterteller (ca. 30 cm), hier aus Blech
Aludraht
Schmuckdraht, grün lackiert
Messer

Arbeitszeit: 90 Minuten
Schwierigkeitsgrad: ✖

TIPP: Als Steckhilfe für die weichen Stiele der Kornblumen mit einem Holzstab im Moos vorstechen. Das macht auch bei Arbeiten mit Steckmasse Sinn. Wichtig: Die Stiele müssen bis zum Ende dieses „Kanals" eingesteckt werden, damit die Schnittstellen Kontakt mit dem Moos oder der Steckmasse haben und nicht auf halber Strecke in der Luft hängen. Nur so bekommen sie Wasser.

Korn und Blumen rosa

Und es sind doch nicht alle blau! Man muss schon zweimal hinschauen, denn man denkt normalerweise sofort an „Kornblumenblau". Wir können aber durchaus auch diese „Exoten" in unsere Gärten säen: rosa Kornblumen. Die Kombination von frischen Blumen und getrockneten Werkstoffen ist immer ein Experiment, welches auch sehr trocken wirken kann. Rosa soll auffrischen und das grüne Waldhaar tut sein Bestes dazu. Die Besuchergruppe im Museum, der wir diese Arbeit in den Weg gestellt hatten, meinte, das Experiment sei gelungen! Entscheiden Sie selbst.

1. Die Ährenhalme auf ca. 25 cm kürzen und parallel in den trockenen Kranzkörper einstecken. Dabei gerne auch die Abschnitte verwenden.
2. Das Waldhaar wird in kleinen Bunden mit U-förmigen Stücken vom Stützdraht an der Steckmasse befestigt. So legt es sich um und auch etwas durch die Halme.
3. Das Gefäß einstellen und bis zur Hälfte mit Wasser füllen.
4. Die Knorpelmöhre so kürzen, dass ihre Dolden knapp unterhalb der Ähren stehen. Einfach in das Gefäß in der Mitte platzieren – die Dolden halten sich gegenseitig und sind die Steckhilfe für die Kornblumen.
5. Die Kornblumen – vorher entlaubt – werden dann ebenso einfach durch den Kerbel gesteckt.
6. Zuletzt finden die Knoblauchblüten ihren neckischen Platz über den Blüten. Keine Angst: Nur die Schnittstelle duftet etwas streng. Ist diese einmal im Wasser, ist der Duft weg. Wichtig: regelmäßiger Wasserwechsel. Ganz einfach: Dazu die blumige Mitte mit einem Griff herausnehmen, die Stiele abspülen, anschneiden und in frisches Wasser einstellen.

MAN BENÖTIGT DAZU:
ausreichend Ähren (hier Weizen) je nach Kranzgröße
2 Bund rosa Kornblumen
5 Stiele Knorpelmöhre (Ammi majus) oder Wilde Möhre
7 interessant geschlungene Knoblauchblüten
1 Handbund Waldhaar (Seegras) vom Floristen
1 Kranz aus Steckmasse (hier Durchmesser 28 cm)
1 Glasvase/Topf
5 Stützdrähte
Rebschere
Messer

Arbeitszeit: 60 Minuten (davon 45 Minuten für den Kranz)
Schwierigkeitsgrad: ✿

TIPP: Der gesteckte Kranz lässt sich natürlich – auch mit dem dann trockenen Waldhaar – immer wieder verwenden. Zum herbstlichen Finale dann mit einer Füllung aus Kürbissen.

Gladiole

GLADIOLUS

Sie träumte von dem Garten des Schlosses,
sie ging … einen der geraden, endlosen
Wege entlang und zu beiden Seiten auf
den Beeten standen Gladiolen, ganz hohe
feuerrote Gladiolen.

Aus: Eduard Graf von Keyserling (1855–1918), Wellen

Lang(e) kennen wir sie schon. Stolz reckt sie ihre Blüten in die Höhe. Es scheint, sie dulde keine anderen Gewächse neben sich. Zugegeben keine einfache Blume. Wahrscheinlich steht sie gerade darum oft nur mit ihresgleichen in der Bodenvase. Und wer keine Bodenvase hat (oder mag), lässt sie einfach rechts stehen oder links liegen. Schade, denn mit ihr ist schnell große Schau zu machen, und die Haltbarkeit als Schnittblume ist enorm. Doch auch kurz, zerlegt in ihre Einzelblüten, lohnt ein Blick auf diese oft verkannte Blume.

In der Blumensprache steht die Gladiole für Charakterstärke sowie Großzügigkeit und drückt damit Bewunderung für den oder die Beschenkte(n) aus. Überspitzt kann sie jedoch auch sagen: „Sei bitte nicht so stolz". Ihren Namen verdankt die Blume den schwertförmigen Blättern, denn das lateinische *gladius* bedeutet übersetzt „Schwert". Darauf verweist auch die deutsche Bezeichnung „Schwertblume" für die Gladiole.

Geschichte

Seit langem schon ist die Gladiole im Mittelmeerraum und in unseren Breiten bekannt. Bei den Römern sollen siegreiche Gladiatoren mit der schwertförmigen Blume überschüttet worden sein. Beide – Gladiole und Gladiatoren – teilen sich das römische Schwert (*gladius*) im Namen. Weil die Wurzelknolle der Schwertblume mit einer netzähnlichen Hülle umgeben ist, die an ein Panzerhemd, auch Harnisch genannt, erinnert, hängte man sich die Knolle als Schutz um den Hals und nannte die Blume Siegwurz bzw. Allermannsharnisch. Überhaupt sprach man der Pflanze allerlei heilende Kräfte zu: Sie sollte vor Epilepsie bewahren, Nierensteine kurieren und Zahnschmerzen vertreiben. Die mittelalterliche Nonne Hildegard von Bingen empfahl sie sogar gegen „Verrücktheit".
Allerdings darf man sich unter den damaligen Gladiolen nicht solch prachtvolle Blumen vorstellen wie die modernen Sorten. Gemeint war vermutlich *Gladiolus italicus*, die Wilde oder Acker-Gladiole, die in unseren Gärten kaum noch eine Rolle spielt. Die Vorfahren der heutigen Edelgladiolen stammen nämlich nicht aus unseren Breiten, sondern wurden im Zuge der Pflanzenbegeisterung des 18. Jahrhunderts in Europa eingeführt. Erstmals gelang es Philip Miller, dem Direktor des Apothekergartens in Chelsea, London, *Gladiolus cardinalis* und *Gladiolus tristis* – die Vorfahren heutiger Gladiolen – fern ihrer südamerikanischen Heimat zum Blühen zu bringen. Mithilfe von weiteren Arten aus Afrika, Madagaskar und Westasien entstanden seit dem Beginn des 19. Jahrhunderts zahlreiche weitere Sorten, so dass heute rund 10.000 Hybriden der Garten-Gladiole bekannt sind.

Die Gladiole im Garten

Aufgrund ihrer Herkunft aus wärmeren Regionen sind die meisten Gladiolen bei uns nicht winterhart. Die Knollen müssen also im Herbst ausgegraben, zwei Wochen getrocknet und über den Winter frostfrei gelagert werden. Eventuell entstandene Tochterknollen trennt man vor dem Trocknen ab, wodurch die Gladiole vermehrt werden kann. Zwischen Anfang April und Anfang Juni können die Knollen der Schwertblumen an einem sonnigen Ort ohne Staunässe in die Erde gebracht werden. Die prächtigen, ährenförmig angeordneten Blüten öffnen sich – je nach Pflanzzeit – zwischen Juni und September, beginnend mit den untersten Blüten bis ganz nach oben. Je nach Sorte können Gladiolen sogar fast 2 Meter hoch werden – der größte Teil der Stängel ist dabei mit Blüten versehen, so dass die Schwertblumen im Garten und in der Vase höchst imposant wirken. Es lohnt sich auch im Garten nach und nach die unteren Blüten auszubrechen, Verblühtes zu entfernen, um alle Kraft in die Knospen zu leiten. Die Farbschattierungen reichen von Weiß über Rosa, Orange, Pink und Rot bis hin zu Dunkelviolett, wobei auch mehrfarbige Sorten vorkommen. Die Farbe Gelb gelangte erst 1903 in das Farbsortiment der Züchter, als man in Afrika die gelb blühende *Gladiolus primulinus* entdeckte. Heute gehört Gelb zu den beliebtesten Farben der Schwertblume.

Schwertblumen

In dieser Arbeit machen die Gladiolen ihrem deutschen Namen alle Ehre. Schwertern gleich lehnen sie am Weidenbund. Für die erste Idee mit dieser Blume behält sie ihre gewachsene Länge, genauso, wie sie auch in einer Bodenvase ihren Platz hat, nur eben anders verarbeitet. Die Weidenbunde lassen sich immer wieder neu verwenden. Große Wirkung – einfach gemacht.

Rechte Arbeit:
1. Das Weidenbündel – meist ist es durch eine Weide schon gebunden, sonst mit Wickeldraht zusammenbinden – in die Schale einstellen. Die Bindestelle befindet sich auf zwei Dritteln der Höhe. Es entsteht ein Spitzkegel.
2. Dann bis zur halben Höhe der Schale Wasser einfüllen.
3. Nun werden die Gladiolen angeschnitten und am Schalenrand in die Schale eingestellt. Die Blütenrispen lehnen sich an die Weide an (evtl. etwas anbinden).
4. In gleicher Weise findet der Rittersporn unter und neben den Gladiolen seinen Platz.
5. Einige Gräser lockern die Anordnung nach oben hin auf.

Linke Arbeit:
1. Wie oben, nur befindet sich die Bindestelle tiefer, etwas oberhalb der Hälfte. Dadurch – und durch den größeren Durchmesser der Schale – spreizt sich das Bündel oben auf.
2. Nachdem die Steckvase mit Hilfe von Klebeband mit einem Holzstab verlängert wurde, wird sie von oben in die Mitte eingesteckt. Nun Wasser einfüllen.
3. Die Blumen von außen durch die Weide hindurch rundherum in die Vase einstellen.

TIPP: Bei dieser Idee lassen sich die Blüten schnell austauschen. Die Weide eignet sich als Grundaufbau, der immer wieder neu bestückt wird. Die Steckvasen verwende ich auch als Einsatz in großen Vasen. Das erleichtert den Wasserwechsel in doppeltem Sinn.

MAN BENÖTIGT FÜR DIE RECHTE ARBEIT:
5 Gladiolen
6 Stiele Staudenrittersporn
einige lange Blattgräser
1 Bund der Korbweide (Höhe ca. 150 cm)
1 runde Schale (hier Durchmesser 40 cm)

MAN BENÖTIGT FÜR DIE LINKE ARBEIT:
1 Bund Rittersporn
1 Bund weiße Veronica (Ehrenpreis)
5 Stiele Fenchel
1 Bund Korbweide (180 cm)
1 runde Schale (hier Durchmesser 55 cm)
1 Steckvase
1 Holzstab

Rebschere
Messer
evtl. Wickeldraht
Klebeband

Arbeitszeit je Arbeit: 20 Minuten
Schwierigkeitsgrad: rechts ✺,
links ✺ ✺

Gelegte Blumen

Wie in der guten alten Zeit. Die Dame des Hauses geht am Morgen durch den (von anderen fleißigen Menschen bearbeiteten) Garten, ausgerüstet mit einer Schere und einem Korb, in welchen sie nach und nach die frisch geschnittenen Blumen legt, welche später das Dienstpersonal in großen Vasen wirkungsvoll inszeniert. Das war meine Intention für diese Idee, bei deren Umsetzung eine alte Technik – ursprünglich aus der Trauerbinderei – zum Einsatz kommt, die „Straußdekoration". Verblüffen Sie Ihre Mitmenschen mit super haltbaren, da dicht an der Steckmasse gearbeiteten Blumen, die anscheinend kein Wasser benötigen.

1. Die beiden Steckmasseriegel wässern und in die Schale einpassen, die Kanten abschrägen und Wasser einfüllen.
2. Die für alle langen Blumen gültige Arbeitsweise in dieser Arbeit: Die Stiele werden auf halber Länge mit einem Messer schräg getrennt. Das Teilstück mit der Blüte wird zur einen Seite hin mit der Anschnittstelle eingesteckt. Das Stielende wird von der anderen Seite gesteckt, gerade so, als wäre es noch mit der Blüte verbunden. Beginnend mit den langen Gladiolen gestaltet man zunächst die bodennahe Blütenreihe leicht fächerförmig aus.
3. Mit kurzen Blüten und großen Dolden wird nah an der Basis die Steckmasse und Schale sorgsam abgedeckt. Dies geschieht im Wechsel mit den locker stehenden Blumen nach und nach über die komplette Steckmasse.
4. Eine – wie zufällig eingelegte, aber doch gesteckte – Hortensie schließt den „Strauß" zur gedachten Bindestelle hin ab. Fertig ist die optische Täuschung!

MAN BENÖTIGT DAZU:

alles, was im Garten wächst (oder wachsen könnte), z. B.
- 5 weiße Gladiolen
- 2 Artischockenblüten
- 1 Bund Sommeraster, lila
- 7 „Hahnenkämme" (Celosia cristata), orange und rot
- 3 Fruchtstände der Schmucklilie (Agapanthus)
- 2 Hortensienblüten
- 1 Bund „Fette Henne" (Sedum)

2 Riegel Steckmasse
1 flache Schale
1 flacher, mindestens auf zwei Seiten offener Korb
Messer

Arbeitszeit: 45 Minuten
Schwierigkeitsgrad: ✿✿

TIPP: Der beste Zeitpunkt zum Schneiden von Blumen ist der Morgen. Wurden abends die Pflanzen gewässert, dann haben sich über Nacht alle Zellen prall gefüllt. Ernten Sie mit einer scharfen Rebschere und stellen Sie die Blumen schnell in einen bereitgestellten Wassereimer in den Schatten. Der finale Anschnitt während des floralen Werkens erfolgt dann mit einem scharfen Messer.

Eine Blume – viele Blüten

Die Einzelblüten der Gladiole halten, kurz verarbeitet, hervorragend. Unser Blick konzentriert sich dabei auf die Schönheit dieser Blüten; keine weitere Blume tritt dazu in Konkurrenz. Ganze Etageren lassen sich so bestücken oder eben auch nur – mit einer Gladiole – ein Blütenteller. Da wir nur die offenen Blüten benötigen, bleibt der Rest der Rispe auf dem Beet oder in der Vase, die Knospen öffnen sich nach und nach.

1. Zunächst fertigen Sie den Kranz aus Schmuckdraht. Am einfachsten geht es so: Die Rolle in einen kleinen Topf legen und nur am Draht ziehen. Am Stück mit ausholender Armbewegung ca. 30-mal Draht abziehen. Den entstandenen Strang verdrehen, auflockern und ineinander verweben. Den so entstandenen „Drahtschlauch" auf den Schalenrand auflegen und etwas andrücken. Die Vorarbeit ist getan. Ab jetzt wird es supereinfach.
2. In das Drahtgeflecht Kugelamaranth und Lavendel flach einstecken.
3. Das kleinere Gefäß einstellen und ca. 1 Fingerbreit Wasser einfüllen.
4. Im Kreis die Blätter einlegen.
5. Die Einzelblüten der Gladiole vom Rand her in die innere Schale einlegen.

MAN BENÖTIGT DAZU:
1 weiße angeblühte Gladiole
je 1 Bund Kugelamaranth
   (Gomphrena) in Orange
   und Pink
einige Lavendelblüten
5 Blätter der Funkie (Hosta)
1 Rolle Schmuckdraht (hier
   in Weiß)
2 Glasgefäße (Kuchenplatten
   mit und ohne Fuß) unterschiedlicher Größe
Messer

Arbeitszeit: 30 Minuten
Schwierigkeitsgrad: ✖

TIPP: Dies ist eine schnell gemachte und haltbare Dekoration für jeden Anlass. Eine ganz andere Wirkung erreichen Sie mit der Verwendung von Brombeeren und Ähren in nur einer Schale mit Blüten in Orange. Auf der Kaffeetafel finden dann anstelle der Blätter Gebäckstücke ihren Platz zwischen den beiden Schalen oder ringförmig eingelegte Gladiolenblüten und in der Mitte eine Kerze ...

Glamelie

Dieser Fachbegriff entstand aus der „Kreuzung" von Gladiole und Kamelie. In Anlehnung an die prächtige Blüte einer Kamelie entsteht ein Blütenball aus vielen Einzelblüten. Diese Technik wurde um 1900 in der Brautstraußbinderei (Welch schönes altmodisches Wort für unser florales Tun!) entwickelt. Das Blütenwunder hält, wenn es regelmäßig angesprüht wird, einige Tage. Da wir nur offene Blüten verwenden, wären diese in dieser Zeit auch an der Pflanze verblüht.

MAN BENÖTIGT DAZU:
ca. 15 angeblühte Gladiolen
ca. 30 Blätter vom Ginkgobaum
ca. 35 Stützdrähte, grün lackiert
Bindebast
Schmuckdraht
1 m Schmuckband
Drahtschere

Arbeitszeit: 90 Minuten (davon 60 Minuten Vorarbeit)
Schwierigkeitsgrad: ❀❀

1. Die Drähte auf halbe Länge kürzen – wir benötigen ca. 70 Drähte.
2. Je zwei Ginkgoblätter mit Versatz aufeinanderlegen, im unteren Drittel zweifach durchstechen und die nach unten gebogenen Drähte um die Stiele der Blätter winden.
3. Einzelne Blüten der Gladiole vorsichtig abtrennen und nach Größe geordnet auslegen.
4. Nun werden je zwei Einzelblüten zusammengenommen und am Blütenboden mit Draht spiralförmig umwickelt. Beide Drahtenden stehen etwa gleichlang über den Blütenboden hinaus.
5. Von einem Blütenpaar in der Mitte ausgehend werden alle angedrahteten Blüten Kopf an Kopf zu einer Kugelform zusammengebracht. Wie bei jedem runden Strauß ist wichtig, dass das Anlegen neuer Blüten reihum gleichmäßig geschieht.
6. Als Abschluss werden die Ginkgoblätter in zwei Reihen angelegt. Die untere Reihe verdeckt die Drähte auf der Unterseite des Straußes bis zur Haltehand bzw. Bindestelle.
7. Die Drähte an der Bindestelle zusammenbinden und von da ausgehend die Drähte bis zum Ende mit Band abwickeln. Das Band wird mit etwas Schmuckdraht fixiert. So entsteht ein schöner, optisch drahtloser Griff.

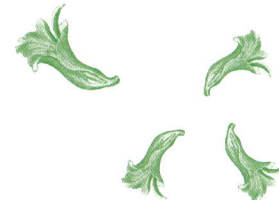

TIPP: Den Strauß nicht in Wasser stellen, sondern nur die Blüten von unten besprühen. Dazu die Blattmanschette anheben und als Verdunstungsschutz danach wieder andrücken. Apropos Haltbarkeit: Bei lang verarbeiteten Gladiolen verkümmern oft die kleinen Knospen an der Spitze. Ihnen fehlt die Energie, um aufzublühen. Sinnvoll ist es daher die Spitze um ca. 10 cm zu kürzen, fachsprachlich „auszubrechen".

Hortensie

HYDRANGEA

So wie das letzte Grün in Farbentiegeln
sind diese Blätter, trocken, stumpf und rauh,
hinter den Blütendolden, die ein Blau
nicht auf sich tragen, nur von ferne spiegeln.

Sie spiegeln es verweint und ungenau,
als wollten sie es wiederum verlieren,
und wie in alten blauen Briefpapieren
ist Gelb in ihnen, Violett und Grau;

Verwaschenes wie an einer Kinderschürze,
Nichtmehrgetragenes, dem nichts mehr geschieht:
wie fühlt man eines kleinen Lebens Kürze.

Doch plötzlich scheint das Blau sich zu verneuen
in einer von den Dolden, und man sieht
ein rührend Blaues sich vor Grünem freuen.

RAINER MARIA RILKE (1875–1926), BLAUE HORTENSIE

Kaum ein Blütenstand ist so beeindruckend wie derjenige der Hortensie. Unzählige Hochblätter, in denen die kleinen, unscheinbaren Blüten sitzen, bilden bei den Bauern- oder Japanhortensien und den Baumhortensien eine prachtvolle Kugel. Bei den Teller- und Samthortensien stehen die Blüten flach innerhalb eines Kranzes aus Hochblättern. Rispen-, Kletter- und Eichblatthortensien runden das Sortiment dieser Schönheiten ab und – welch Freude – blühen auch im Schattengarten. Als blumige Steckhilfe entstehen mit diesen Blütenständen (der Einfachheit halber nenne ich sie im Weiteren botanisch falsch Blüten) schnell kleine Sträuße und Gestecke – und trocknen lassen sie sich auch noch. Es ist also nicht verwunderlich, dass die auffallenden Blüten in der Blumensprache Bewunderung ausdrücken.

Geschichte

Unsere Gartenhortensie (*Hydrangea macrophylla*) stammt aus Japan, wo man sie schon seit Jahrhunderten züchtete, bevor der erste Europäer sie zu Gesicht bekam – das war vermutlich der Arzt Engelbert Kaempfer Ende des 17. Jahrhunderts. Für europäische Pflanzenbegeisterte war es damals nicht leicht, die japanische Pflanzenwelt zu erforschen. Japan schottete sich extrem vom westlichen Ausland ab, und Ausländer durften nur auf der künstlich angelegten Insel Deshima in der Nähe von Nagasaki leben. Dennoch brachte Kaempfer zumindest die Beschreibung vieler japanischer Gewächse mit nach Europa. In den Folgejahren gelangten immer wieder einzelne Pflanzen – vermutlich auch wenige Hortensien – aus Japan nach Europa, doch erst der berühmte Pflanzenforscher Philipp Franz von Siebold konnte 1830 über 800 lebende Pflanzen, darunter auch Hortensien, aus Japan ausführen – man hatte den ebenfalls auf Deshima praktizierenden Arzt zwar als Spion auf Lebenszeit aus Japan verbannt, wo er auch seine japanische Frau und seine Tochter zurücklassen musste, doch seine Pflanzen hatte man ihm gelassen. Nach seiner Rückkehr gründete er eine Gärtnerei in Leiden, von wo aus er ganz Europa mit den modischen Gewächsen aus Japan versorgte.

Ihren Namen erhielt die Hortensie von dem französischen Botaniker Philibert Commerson. Er war Teilnehmer der Weltumseglung (von 1766 bis 1769) durch Louis Antoine de Bougainville, nach dem die Gattung der Bougainvillea benannt ist. An dieser Entdeckungsreise nahm auch der Prinz von Nassau teil, zu Ehren dessen Tochter Hortense die Blume benannt worden sein soll. Andere Forscher behaupten hingegen, der Name „Hortensie" komme von lat. *hortus* „Garten"). Da jedoch auch der Frauenname Hortense davon abstammt, bedeutet Hortensie in jedem Fall „zum Garten gehörend". Der lateinische Name *Hydrangea* verweist auf den hohen Wasserbedarf (gr. *hydro* = Wasser) der Hortensie.

Die Hortensie im Garten

Die meisten Hortensien-Sorten sind bei uns winterhart. Dies gilt vor allem für die verholzten Teile der Triebe. Bei Bauern-, Teller- und Kletterhortensien sollten nur die Blüten ausgeschnitten werden. Ein stärkerer Rückschnitt – bei anderen Sorten durchaus sinnvoll – geht auf Kosten des Blütenreichtums. Geschnitten wird nach dem Frost, da sonst die Gefahr besteht, dass die grünen Triebe noch weiter zurückfrieren. (Zudem sehen die getrockneten, mit Reif überzogenen Blüten im Winter wunderschön aus.) Sie lieben feuchte Böden in halbschattiger Lage, ja selbst im Schatten bringen sie ihre Blüten hervor. In voller Sonne erblühen Eichblatt- und Rispenhortensien.

Hortensien gibt es in den Farben Blau, Rosa und Weiß sowie in verschiedenen Schattierungen dazwischen. Tatsächlich hängt die Farbe – außer bei weißen Hortensien – vom Boden ab. Für eine Blaufärbung benötigen die Blüten sauren Boden mit einem pH-Wert unter 4,5 sowie Aluminiumionen im Boden. Dies erreicht man durch die Zugabe von Aluminiumsalzen (Alaun aus der Apotheke). Sein „blaues Wunder" erlebt man am besten mit Pflanzen in Töpfen. Im Freiland wird der Alaun ausgeschwemmt und bringt nur wenig Erfolg. Ist der Boden nicht sauer genug, färben sich blaue Hortensien nach dem Einpflanzen rosa.

Maiglöckchenläuten

Einfacher geht es nicht. Einzelne oder auch mehrere Hortensiendolden lassen sich wunderbar als Steckhilfe für weitere Blumen verwenden. Optimal ist diese Technik für Blüten mit dünnen und weichen Stielen, welche sich sonst nur schwer stecken oder binden lassen. Das kommt dem Gartenmaiglöckchen gerade recht. Sein zarter Frühlingsduft verzaubert jeden Garten – allerdings nehmen die Pflanzen, bedingt durch ihre unterirdischen Ausläufer, schnell große Flächen ein. Das sollte man beim Auswildern bedenken. Außerdem sind Maiglöckchen sehr giftig. Diese Zehn-Minuten-Arbeit erfordert keinerlei technische Raffinesse und ist Blume pur. Legen wir also gleich los, dann können auch kurzfristig angemeldete Gäste blumig empfangen werden.

1. Das Gefäß bis zur Hälfte mit Wasser füllen.
2. Die Hortensien so kürzen, dass die Blütenblätter am Gefäßrand abschließen.
3. Die Maiglöckchen anschneiden und zwischen die Hortensienblüten einstellen.

Schnell gemacht & mitgebracht:
Für einen kleinen Strauß in eine Hortensiendolde mittig eine Rose einstecken, zusammenbinden, fertig (siehe kleines Foto rechts). Dieser Strauß lässt sich auch gut trocknen.

MAN BENÖTIGT DAZU:
2 Hortensiendolden
2 Bund (20 Stiele) Maiglöckchen
1 wasserdichtes Gefäß (hier Blechwanne)
Messer

Arbeitszeit: 10 Minuten
Schwierigkeitsgrad: Null!

TIPP: Die Hortensien vor dem Trocknen einen Tag tief in Wasser stellen, damit sie richtig prall mit Wasser gefüllt sind. Das schönste Ergebnis bekommen Sie, wenn die Blüten stehend in wenig Wasser langsam eintrocknen.

Blumige Verwandlung

Die geringe Anzahl der Werkstoffe und die unendlich scheinende Variations-möglichkeit während des Sommers machen dieses Werkstück zu einem echten Dauergast auf der festlichen Tafel, der Küchentheke, dem Garten-tisch oder als Kranz an der Tür ..., bis er dann wieder blumig befüllt auf den Tisch darf.

1. Als Basis bekommt der Strohrömer einen Mantel aus getrocknetem Gras – einfach mit Schmuckdraht aufwickeln.
2. In unregelmäßigem Wechsel werden nun die Fruchtstände von Lunaria und Majoran-zweige mit Wickeldraht auf den Kranz gebunden. Nicht zu fest anziehen, damit eine natürliche, leicht wilde Struktur entsteht.
3. Nun folgt die Ausschmückung nach Lust und Laune und dem Anlass entsprechend. Dazu das Gefäß in den Kranz einstellen, Wasser rein, die Hortensie kürzen, anschnei-den und einstellen. Bei mir haben sich noch Blütenzweige vom Holunderstrauch eingeschlichen. Für festliche Momente und romantische Sommernächte darf Kerzen-licht nicht fehlen. Die Stabkerzen finden dank passender Halterungen stabilen Halt auf dem Kranz.

TIPP: Dekorieren Sie diesen Kranz mit weiteren Blüten in der Kranzmitte oder mit üppigen Bändern und Ranken in der Mitte eines Tisches oder als Kranz um ein Windlicht ... Und wenn die Lunaria getrocknet ist, einfach die grüne Außenhaut abziehen, dann wird sie zur silbern schimmernden Mondviole.

MAN BENÖTIGT DAZU:
1 Hortensienblüte
etwas Majoran
10 Stiele Mondviole (Lunaria)
etwas getrocknetes Gras
1 Strohrömer (hier Durch-messer 25 cm)
Wickeldraht mit Papiermantel (Rebendraht)
Schmuckdraht, braun
1 Übertopf/Glas
evtl. Kerzen, Kerzenhalter, Rosenblüte, Holunder-blütenzweige
Rebschere
Messer

Arbeitszeit: 45 Minuten
Schwierigkeitsgrad: ✂

12

Hymne an die Akelei

Von ihr lasse ich mich immer wieder begeistern und von ihrer pastelligen Schönheit gerne einfangen: Aquilegia! Genug geschwelgt, die Blume heißt schlicht Akelei, und es gibt sie seit rund 3 Millionen Jahren in Europa. Sie gehört zur Familie der Hahnenfußgewächse und eigentlich in jeden Garten, vor allem in die nicht ganz so „geschniegelten". Denn sie mag es gerne wild und samt sich so auch munter aus. Blüten der Astrantie – eine Staude für absonnige Gartenpartien – funkeln sternengleich. Die Hortensie ist Mittelpunkt und „Steckbasis" zugleich. Echt „dufte" dieser Strauß, ganz ohne Grün, aber dafür umkränzt mit Thymian.

1. Zu Beginn liegt die Hortensie auf der Hand auf. Dann werden die Stiele der Akelei vorsichtig zwischen den Hochblättern zur Hand geführt und von dort eingezogen.
2. An die Hortensie schließt sich ein Ring aus Sterndolden an. Dazu den Strauß drehen, die Astrantie leicht schräg anlegen.
3. Den Thymianschnitt „verhalten wild" um den Strauß verteilen und mit Band abbinden. Dort, wo die Haltehand war, ist nun die Bindestelle.
4. Die Stiele an- und abschneiden und den Strauß in ein passendes Gefäß stellen.

MAN BENÖTIGT DAZU:

1 Hortensienblüte
diverse Akeleien aus dem Garten (mittlerweile auch hin und wieder im Blumenladen)
1 Bund Sterndolde (Astrantia)
1 Handbund frischer Thymian
1 Vase (hier Zinkeimer)
1 m Band
Rebschere
Messer

Arbeitszeit: 20 Minuten
Schwierigkeitsgrad: ❀❀

TIPP: Gearbeitete Kleinigkeiten mit Werkstoffen, welche auch im Strauß vorkommen, runden das Gesamtbild jeder Dekoration ab. Zum Beispiel mit Band gebündelte Thymianzweige für Tischkärtchen oder einfach als Aufleger auf der Serviette ...und wer voraus denkt, hat schon einen Zweig auf der Einladungskarte.

Blumen in Rhabarbertüten

Ich dachte, auch wenn die Zeit für die leckeren Gaumenfreuden mit diesem Gewächs schon vorüber ist, müssten sich die Blätter des Rhabarbers floral verarbeiten lassen. Das Ergebnis des Versuchs: Die Haltbarkeit dieser großen Blätter hat mich positiv überrascht. So haben das Blatt – und übrigens auch die Stiele – für kreative Menschen den ganzen Sommer über Saison. Schneiden Sie aber nicht alle Blätter ab, denn sie liefern wichtige Energie für die Pflanze. Apropos Zeit – diese Idee ist echt schnell gemacht.

1. Alle Blätter an den Stielen der Blumen entfernen.
2. Eine Blüte auf ein Rhabarberblatt auflegen und von der Blattbasis aus zu einer Tüte rollen.
3. Naturbast (vorher wässern, sonst reißt er leicht) als Schmuck-Bindestelle mehrfach um das Blatt wickeln und verknoten. Ebenso jeweils den Blüten- und Blattstiel zusammenbinden.
4. Alle Wickel „Kopf an Kopf" legen, die Enden angleichen und anschneiden.
5. Alle Wickel zusammen in die Vase einstellen.

MAN BENÖTIGT DAZU:
Blüten mit langem Stiel,
   hier sind dies: 3 Hortensien,
   2 Artischocken, 3 Riesen-
   Zierlauch (Allium giganteum)
10 Rhabarberblätter
Naturbast
Messer
Rebschere

Arbeitszeit: je Wickel 5 Minuten
Schwierigkeitsgrad: ✖

TIPP: Die Blatt-Tüten funktionieren auch mit vielen anderen Blüten und als Reihung einzelner in Flaschen auf der Fensterbank. Mehrere Blumen in einem Blatt sind ein schönes Präsent zur Gartenparty. Ich habe hier der unterschiedlichen Struktur wegen diese großen, aber doch in sich fein gegliederten Blüten gewählt. Durchaus einen Versuch wert ist es, die Hortensientüten zu trocknen.

Kreativ gerädert

Ein stabiler Unterbau, der nicht aufträgt, relativ leicht ist und mir dazu noch ermöglicht, viele Auffädelungen anzubringen – vor diese vierfache Herausforderung hat mich meine Idee zu diesem Werkstück gestellt. Die Lösung „kam" während eines Gesprächs im ARD-Buffet-Studio: ein Fahrrad-Rad! Also einfach an einem alten Fahrrad das Vorderrad ausbauen und los geht's. Nicht auf Radtour, sondern in Richtung blumiges Sommerfest.

1. Der Reifen vom Rad ist die Kranzunterlage. Auf ihn werden mit Hilfe von Wickeldraht im Wechsel Fuchsschwanz, Bauernhortensie, Gras, Annabelle und Salbei aufgebunden. Wie beim normalen Kranzwickeln wird der Draht von außen nach innen geführt und die Werkstoffe halbrund angelegt. Die Unterseite wird nur mit Gras abgedeckt, sie zeigt nachher nach oben und ist nicht zu sehen.
2. Für kleine Hängevasen die Stangen vom Japanknöterich im Abstand zweier Wachstumsringe (Nodien) zersägen. Der Boden eines Nodiums muss jeweils erhalten bleiben. An der anderen Seite den Steckdraht durchstechen und als Aufhängung umbiegen.
3. Die Kirschen an den Stielen mit Schmuckdraht umwickeln – mehrere in Reihung.
4. Die Nigellafrüchte auf Silberwickeldraht auffädeln. Jeweils ca. 50 cm lang.
5. Die Aufhängung erfolgt wie bei einem Hänge-Adventskranz: 2 Stück Aludraht mit je 1,5 m über Kreuz am Reifen so befestigen, dass die gebundene Schauseite nach unten zeigt. Dann die Drähte in der Mitte fassen und verdrehen – es entsteht eine Öse. An dieser Öse wird der Kranz mit einem Steckdraht am Ast befestigt.
6. Das Windlichtglas mittig aufhängen.
7. Die Auffädelungen an den Speichen aufhängen.
8. Die Knöterichvasen aufhängen, Wasser einfüllen und Gerbera gekürzt einstellen.
9. Die Kerze anzünden, durchatmen und einen Schluck trinken.
10. In Zweisamkeit die Sommernacht genießen oder die Gäste willkommen heißen.

TIPP: Kreativität und verrückte Ideen bereichern das Leben!

MAN BENÖTIGT DAZU:

ca. 10 Blütenstände der Hortensie 'Annabelle'
ca. 10 Blütenstände der teilvergrünten Bauernhortensie
10 Stiele Hänge-Fuchsschwanz (Amaranth)
einige Hände getrockneten Grasschnitt
10 Stiele Salbei
3 Röhren Japanknöterich
1 Bund Nigellakapseln
1 Schale Kirschen
12 weiße kleinblumige Gerbera
1 Windlichtglas mit Aufhängung und Kerze
Wickeldraht
Handsäge mit feinem Sägeblatt
12 x 14er Steckdrähte
Schmuckdraht
Silberwickeldraht
3 m Aludraht
Rebschere
Messer
Gießkanne
Feuerzeug
1 Fahrrad-Vorderrad

Arbeitszeit: 150 Minuten
Schwierigkeitsgrad: ✖ ✖

Dahlie

DAHLIA

Warum so spät erst, Georgine?
Das Rosenmärchen ist erzählt,
Und honigsatt hat sich die Biene
Ihr Bett zum Schlummer ausgewählt.

Sind nicht zu kalt dir diese Nächte?
Wie lebst du diese Tage hin?
Wenn ich dir jetzt den Frühling brächte,
Du feuergelbe Träumerin!

AUS: HERMANN VON GILM ZU ROSENEGG (1812–1864), DIE GEORGINE

Es ist jedes Jahr so: Die ersten Dahlien blühen zu früh – gefühlt zumindest. „Dahlien sind für mich Herbstblumen", höre ich dann. Schade eigentlich, denn die farbintensiven Blütenköpfe öffnen sich schon im Sommer. Aber die Dahlie ist – wegen ihrer lang andauernden Blütezeit bis zum Frost – eine traditionelle Herbstblume. Zusammen mit der Chrysantheme gilt sie den Dichtern als Zeichen der Vergänglichkeit, und auch in der Blumensprache erzählt sie manchmal von verpassten Möglichkeiten, denn sie bedeutet: „Ich bin schon vergeben". In ihrer Heimat Mexiko ist die Dahlie heute die Nationalblume. Die mexikanischen Ureinwohner, die Azteken, verehrten sie als Sonnensymbol, und aztekische Jäger verwendeten den Saft, der sich in ihrem Stängel sammelt, gerne als Wasservorrat.

Geschichte

Auch wenn wir heute den Eindruck gewinnen könnten, die Dahlie sei als typische Bauerngartenpflanze
seit jeher bei uns heimisch, ist es noch gar nicht so
lange her, dass die ersten Samen die weite Reise über
den Ozean antraten. 1791 gelang es erstmals dem
Spanier Abbé Antonio Cavanilles, die wertvollen
exotischen Samen zum Blühen zu bringen. Zu jener
Zeit entwickelte sich nämlich in Europa eine zuneh-
mende Faszination für Pflanzen und vor allem Blumen
aus fernen Ländern und von fremden Kontinenten.
Cavanilles benannte die Dahlie nach Andreas Dahl, einem Schüler des berühmten schwedischen Botanikers
Carl von Linné. Einige Jahre später wurde die Blume
als Georgine (nach dem Botaniker Johann Gottlieb
Georgi) bezeichnet, weil man nicht wusste, dass man
ihr in Spanien schon einen Namen verliehen hatte.
Am Ende setzte sich der frühere Name Dahlie jedoch
offiziell durch.

Im Laufe des 19. Jahrhunderts entwickelte sich eine
wahre Dahlienbegeisterung, in deren Verlauf immer
neue Sorten gezüchtet wurden. Waren die ersten
Dahlien noch ganz einfach aufgebaut und erinnerten
an den Sonnenhut (*Rudbeckia*), so wurden die Blüten
nun immer komplizierter, und es entstanden gefüllte Blüten sowie Pompom- und Balldahlien. Je mehr
Züchtungen es gab, desto erschwinglicher war die
Blume, bis sie schließlich zu einer typischen Blume der
Bürger- und Bauerngärten wurde.

Mit dem Saft der Knollen behandelten die Azteken
u.a. Magenbeschwerden und Knochenbrüche, die
Knollen selbst dienten als Nahrungsmittel. Heute
entdeckt man neben dem gärtnerischen auch den kulinarischen Wert der Dahlie neu. Die Knollen besitzen
nachweislich antibiotische Wirkung, enthalten aber
viel Insulin, weshalb vom Verzehr größerer Mengen
abzuraten ist. Die unbehandelten Blüten jedoch eignen
sich hervorragend als Salat oder zur Verfeinerung von
Saucen und Süßspeisen.

Die Dahlie im Garten

Dahlien sind aufgrund ihrer Herkunft aus dem
warmen und sonnenreichen Mexiko bei uns nicht
winterhart und benötigen daher einen gewissen
Pflegeaufwand, der ihrer Beliebtheit jedoch keinen
Abbruch tut: Nach den ersten leichten Frösten müssen die Knollen ausgegraben werden. In Kisten mit
trockenem Sand bewahrt man die Dahlienknollen
dunkel und frostfrei auf, bis sie Ende April/Anfang
Mai dann erneut im Garten eingepflanzt werden
können. Die Dahlie kann durch Teilung der Knollen
vermehrt werden. Sie liebt einen windgeschützten
Standort mit viel Sonne und nährstoffreichem Boden
und braucht ausreichend Wasser und Dünger. Hohe
Dahliensorten – diese können bis zu zwei Meter hoch
werden – benötigen eine Stütze, um nicht durch den
Wind geknickt zu werden.

Blütenfeuerwerk

Die große Symphonie der Dahlie beginnt mit einem blumigen Feuerwerk wie für eine Sommernacht gemacht. Die kleinen Blüten der Mini-Pompom-Dahlie verkünden: Wir gehören in das Konzert der Sommerblumen! Der Unterbau entstand als Straußgerüst zur Lilienidee von Seite 48. Dort finden Sie die Anleitung zur Herstellung.

Wenn kein großes Gefäß vorhanden ist, nehmen Sie wie ich hier mehrere Gefäße, z. B. zwei Glasschalen.

1. Wir beginnen mit dem Auflegen des Gerüstes auf die beiden Schalen. Diese wurden zuvor mit Wasser befüllt und die Wasserlinsen eingebracht.

2. Dieser Schritt gilt für alle verwendeten Blumen: Zunächst alle grünen Blätter entfernen und die Stielenden direkt vor dem Einstellen in die Schale anschneiden. Für einen guten Halt müssen die Stiele in mindestens zwei Lagen des Gerüsts stehen. So füllt sich die Anordnung mit jeder Blume mehr. Lange Rispen recken spritzig ihre Blüten in unterschiedlicher Gewichtung über die ganze Breite, die Blüten der Calla sammeln sich mit ihren Trichtern zum Wasser hin. Um dabei jede Symmetrie zu vermeiden, befindet sich die Hortensie nicht in der Mitte der Arbeit und hat doch die wichtige Aufgabe, Ruhe in die Gestaltung zu bringen (gleich dem Kontrabass in einem Orchester).

Achtung: Wie so oft verlangt auch diese Gestaltung nach Leichtigkeit, das heißt Luft gehört zwischen die Blüten – anlehnen können sie sich am Zaun im Garten.

Und für Sie ist jetzt Genießen angesagt. Auf dem sommerlichen Spielplan steht die Symphonie „Blütenfeuerwerk".

MAN BENÖTIGT DAZU:

2 Bund Mini-Popmpom-
   Dahlien, bordeaux und pink

5 Stiele der Gelenkblume, rosa

5 Stiele Sommerrittersporn

5 Stiele Montbretien, orange

5 Stiele Federbusch-Celosien,
   pink

3 Rosen 'Piano'

5 Calla, orange

1 Gerüst aus Kerria-Zweigen
   (kleines Foto, siehe Seite 48)

Wasserlinsen

2 Glasschalen

Messer

Arbeitszeit ohne Grüstbau:
   45 Minuten

Schwierigkeitsgrad: ✿ ✿

TIPP: Bei solch einer „Gefühlsduselei" spielen natürlich Farben eine große Rolle. So kann mit hellen klaren Farben ein Frühlingsfeuerwerk in frischem „Dur" entstehen oder mit dunklen matten Werkstoffen ein herrlich getragenes Stück in „Moll". Verbinden Sie doch einfach in Gedanken den Strauß, der vor Ihnen steht, mit Musik – das ist spannend ...

13

Maisblattwabe

Nach dem großen Auftritt der Mini-Pompom-Dahlie innerhalb sommerlicher Vielfalt konzentriere ich mich bei dieser Idee auf die Darstellung der reinen Blütenstruktur der „normalen" Pompom-Dahlie. Dafür bekommt sie einen Mantel aus einem Maisblatt. Wenn wir den Bauern unseres Vertrauens fragen, dürfen wir sicher einige Blätter schneiden. Die gerollten Blätter schmiegen sich Blatt an Blatt und ergeben so eine Wabe.

MAN BENÖTIGT DAZU:
- ca. 30 Maisblätter
- 15 Pompom-Dahlien
- 8 Sommerastern
- 3 Ranken Ballonwein (Cardiospermum)
- 5 grüne „Früchte" der Lampionblume (Physalis)
- 1 flache Schale (hier Durchmesser 35 cm)
- Tacker (Hefter)
- Messer
- Holzstab

Arbeitszeit: 30 Minuten
Schwierigkeitsgrad: ❀

1. Zuerst entsteht das Gerüst aus gerollten Maisblättern. Dafür die einzelnen Maisblätter mit der Oberseite nach außen über eine Hand rollen. Daumen und Zeigefinger halten die Blattspitze, welche sich auf der Innenseite der Maisrolle befindet. Das so entstandene Röllchen wird mit zwei Tackerklammern fixiert. Weitere Blattröllchen je nach Wabengröße anfertigen.
2. Nun alle Maisröllchen in Form der späteren Tischdekoration nebeneinanderlegen.
3. Alle Einzelteile werden mit ihren Nachbarblättern durch Tackerklammern verbunden. So entsteht die „Wabe".
4. Die Schale auf dem Tisch platzieren, Wasser einfüllen und das Grundgerüst auflegen. Ein über die Schale gelegter Holzstab stützt das Gerüst von unten.
5. Dahlien und Astern auf wenige Zentimeter kürzen, gerade so, dass die Schnittstellen den Schalenboden erreichen, und in die Wabe einbetten. Farbgruppen und Lücken bzw. eingelegte Physalis bringen Spannung in die Gestaltung.
6. Zuletzt umschlingen die Ranken des Ballonweins die flache Anordnung. Das Grün der Früchte und Ranken bereichert das Spiel der Strukturen.

TIPP: Mit dieser Technik lassen sich die verschiedensten Grundformen für jeden Tisch herstellen. Auch als langes Tischband mit untergestellten Gläsern ist dies möglich. Einzelne Blattröllchen erweitern die blumige Dekoration in Form von Tischkärtchen, Serviettenringen oder Menükartenhaltern. Und: Die Grundform aus Blättern trocknet schön ein. Bei mir entstand daraus ein Türschmuck.

Dahlien auf Meerschaum

Vier bemerkenswerte Gewächse finden in dieser Arbeit zusammen: Dahlie, Steppenkerze, Kermesbeere und „Meerschaum". Eine große Formenvielfalt – verbunden durch die Harmonie der Farben.

1. Für die Ummantelung des Korbes werden befeuchtete Zweige von Meerschaum angelegt. Zur Befestigung von außen U-förmige Drahtstücke durch den Korb stecken und die Drahtenden im Inneren verdrehen. Zuletzt wird der Rand ausgearbeitet.
2. Nun die Steckmasse wässern, den wasserdichten Einsatz einstellen und die Steckmasse einpassen. Die Oberkante der Steckmasse befindet sich ca. 1 cm unterhalb des Korbrands. Wasser einfüllen.
3. Die Steckarbeit beginnt mit der Abdeckung der Steckmasse mit Sedum. Dazu die „fette Henne" flächig mit kurzem Stiel einstecken.
4. Die locker überhängenden Zweige der Kermesbeere bestimmen in diesem Schritt die Höhe und Breite und somit die Proportionen des Werkstücks. Beim Stecken darauf achten, dass alle Zweige frei stehen und sich nach allen Seiten entfalten können.
5. Die Dahlienblüten finden in Zwischenräumen ihren Platz auf unterschiedlichen Höhen. Die Stielenden schräg anschneiden und tief (!) in die Steckmasse einstecken.
6. Für die endgültige Form sind die Blütenstände des Eremurus wichtig. Ihre aufstrebende Form schiebt sich von der Basis aus in die Höhe und verschlankt die Gestaltung.
7. Die ins Beet der „Fetten Henne" eingelegten Lampions ergänzen die Gestaltung in der Basis durch ihre Form und Farbe.

MAN BENÖTIGT DAZU:

- 6 großblütige Dahlien
- 5 Steppenkerzen (Eremurus)
- 7 Stiele Kermesbeere (Phytolacca)
- 1 Kiste „Meerschaum"
- 2 Bund „Fette Henne" (Sedum)
- 15 Fruchtstände der Lampionblume (Physalis)
- 4 Riegel Steckmasse
- 1 alter Korb (hier Durchmesser 40 cm)
- 1 Gummieinsatz/Eimer
- 20 Steckdrähte (12er)
- Messer
- Rebschere
- Drahtschere
- Sprühflasche

Arbeitszeit: 70 Minuten
Schwierigkeitsgrad: ✿✿✿

TIPP: Meerschaum lässt sich leicht aussäen. An einem feuchten, sonnigen Standort wächst er schnell und kann dann vielseitig verarbeitet werden: in Türkränzen, als luftiger Abschluss um Sträuße und – Eisenbahner wissen es – nicht zuletzt als Bäumchen auf der Modelleisenbahn. Zur einfacheren Verarbeitung die Zweige mit Wasser besprühen, dann werden sie weich und brechen nicht.

Dahlien am Zaun

Wie im Garten: Auf einem Drahtgerüst aus Hasenstalldraht lagern wundervolle großblütige Dahlien neben grünen „Hauswurzblüten", umspielt von den feinen Ranken der „Zaunrübe".

1. Für das immer wieder verwendbare Gerüst wird der Maschendraht auf die entsprechende Größe geschnitten und an den Rändern umgeschlagen.
2. Die Dachwurzpflanzen aus den Töpfen nehmen und ca. 1 cm unterhalb der Blattrosette mit einem Messer durchtrennen. Die restliche Erde abspülen und die Rosette mit einem Stützdraht an deren Basis durchstechen und andrahten. Kleine Pflanzen können an der Mutterpflanze verbleiben oder direkt auf die Erde gelegt werden. Diese bilden, wie auch später die geschnittenen Pflanzen aus dem Strauß, bei Kontakt mit Erde neue Wurzeln und wachsen weiter.
3. Die Dahlien auf ca. 20 cm kürzen und alle Blätter und Seitentriebe entfernen.
4. Das Drahtgerüst auf die Haltehand auflegen und die ersten Dahlien leicht schräg durch die Maschen einstecken. Die Hand greift nun die Blütenstiele ca. 10 cm unterhalb der Drahtbasis und legt die Stiele überkreuz in der späteren Bindestelle an. Jetzt „schwebt" das Gerüst dank der natürlichen Stiele.
5. Die Dachwurzpflanzen werden mit den Drahtstielen befestigt, alle anderen Blüten folgen, auch die Knospen der Dahlie und der Kugelamaranth in kleinen Gruppen. Achtung: Die Haltehand bleibt immer auf der ursprünglichen Höhe.
6. Zuletzt wird die Zaunrübe um und über den Strauß gelegt.
7. Den Strauß an der Haltehand abbinden und in ein entsprechendes Gefäß einstellen. Anschneiden nicht vergessen und Drahtenden nach innen umbiegen, damit keine Rostflecken in der Vase entstehen.

MAN BENÖTIGT DAZU:

5 Kaktusdahlien mit Knospen
2 Bund Kugelamaranth
 (Gomphrena), orange
3 Dachwurz-Pflanzen
3 Ranken der Zaunrübe
 (oder Knöterich)
1 Stück Hasenstalldraht
 (das von mir gearbeitete
 Gerüst hat 40 cm Durch-
 messer)
6 Stützdrähte
Drahtschere
Rebschere
Messer
Bindebast

Arbeitszeit: 45 Minuten
Schwierigkeitsgrad: ✹ ✹

TIPP: Die Haus- oder Dachwurz gilt als Aloe des Nordens. Sie hilft hervorragend bei Insektenstichen und kleineren Wunden – einfach den Saft eines Blattes auftragen.

Blüten-Wow

Zum Abschluss tief durchatmen: Wow!

1. Das Moos auf der Innenseite der Schale dünn ausbreiten.
2. Nun wird der Maschendraht – zur einfacheren Verarbeitung in zwei schmalen Bahnen – über das Moos gelegt und am Rand mit Haften befestigt.
3. Die Halbschale über einen Eimer legen.
4. Die Schale am äußeren Rand mit doppelseitigem Klebeband bekleben.
5. Die Schutzfolie abziehen, das Blumenpapier auflegen und über die Kuppel nach unten streichen.
6. Wachs im Wasserbad erhitzen und die Arbeitsfläche mit Zeitungspapier auslegen.
7. Das geschmolzene Wachs mit dem Pinsel von der Mitte ausgehend über die Kuppel verteilen. Durch mehrere Schichten Wachs ergibt sich eine interessante Struktur. Die Spitzen werden nicht nur der Optik wegen auf der Innenseite durch einige Schichten Wachs verfestigt. Dieser Wachsmantel sollte nun ca. 10 Minuten trocknen.
8. Das Moos im Inneren gut befeuchten. Dieses Moos ist die Steckschicht und somit auch die Wasserversorgung der Blumen.
9. Nun werden die Dahlienblüten auf 1–2 cm Stiellänge gekürzt und beginnend mit einer Blüte vom tiefsten Punkt, der Mitte der Schale, ausgehend eingesteckt. Weitere Blüten folgen in ansteigenden Reihen. Bei allen Blüten auf sicheren Halt (= Wasserversorgung) im Moos achten. Die Knospen füllen ganz nebenbei kleine Lücken.
10. Zuletzt wird der Rand mit aufrecht stehenden Dahlien besteckt.

In den nächsten Tagen täglich vom Rand her vorsichtig Wasser auf die Moosschicht aufbringen. Die Schale können Sie immer wieder neu befüllen.

MAN BENÖTIGT DAZU:

ca. 60 Dahlienblüten in
    „Spätsommer-Farben"
2 Hände Stopfmoos
1 Halbschale aus Styropor
    (hier Durchmesser 40 cm)
1 Bogen Blumenpapier
dünner Maschendraht
Tauchwachs (Kerzenreste)
Messer
Drahtschere
6 Drahthaften
doppelseitiges Klebeband
1 Flachpinsel
Schmelzwanne
Kochtopf
Herdplatte
Eimer
Zeitung
kleine Gießkanne

Arbeitszeit: 90 Minuten
Schwierigkeitsgrad: ✿ ✿

Zum Abschluss meine Bitte: Verzagen Sie nicht, wenn mal was nicht so wird, wie von mir gezeigt. Ich übe, lerne und experimentiere auch täglich! Verwandeln Sie meine Ideen in Ihre ganz eigenen Kreationen!

Register

Sträuße

Blumen in Rhabarbertüten 124
Blütenwelle 22
Dahlien am Zaun 138
Federleicht umkränzt 36
Feldstrauß 94
Fontänenstrauß 88
Glamelie 112
Grüner-Apfel-Strauß 68
Herzsame & Lilie 48
Hymne an die Akelei 122
Nur Nelken! 74
Schlichte Eleganz 58

Tischdekoration

Blumige Verwandlung 120
Blüten-Vogel 56
Der Beginn des Rosenjahres (Rosenkreis) 28
Eine Blume – viele Blüten 110
Eine Runde durch den Bauerngarten 70
Eingemachte Blumen 60
Maiglöckchenläuten 118
Maisblattwabe 134
Picknick am Gras 20
Rosenkugel 34
Sommer im Flieder 84

Vom Zauber der Gartenrosen 32
Wie gemalt 98
Wiesenblumenkranz 62
Zauberwald mit Lilie 44

Raumdekorationen

Bartnelkenherz 72
Blütenfeuerwerk 132
Blütensalat 96
Blüten-Wow 140
Dahlien auf Meerschaum 136
Das gebügelte Herz 30
Einfach gekugelt 80
Ein liebes Frühlings-Orakel 54
Gelegte Blumen 108
Himmelblau & Ruhmesrot 82
Im Liliengarten 46
Korn und Blumen rosa 100
Kreativ gerädert 126
Lilien-Barock 42
Pfingstlärche 18
Pfingstrosen im Herz 16
Pfingstrosen (werfen sich) in Schale 14
Rittersporn auf Sockel 86
Schwertblumen 106

Gedankenblitze zu den doppelseitigen Fotos der Kapiteleinleitungen

Pfingstrose (Seite 10/11): Blütenfülle beschützt | Rose (Seite 24/25): Die Königinnenkugel! | Lilie (Seite 38/39): „Glocken-Blumen" | Margerite (Seite 50/51): Garten = Zaun? Blumen! | Nelke (Seite 64/65): Nelke – spaltet und entfacht | Rittersporn (Seite 76/77): Der blaue Fluss | Kornblume (Seite 90/91): Den Himmel aufgegabelt | Gladiole (Seite 102/103): Blütenschwerter zu … | Hortensie (Seite 114/115): Die „Zum-Trocknen-Blume" | Dahlie (Seite 128/129): Blütenfrüchte des Sommers

Bildnachweis

Sämtliche Fotos stammen von Conny Marx, Stuttgart. Sie entstanden im Freilichtmuseum Beuren (www.freilichtmuseum-beuren.de), dem Verlag und Autoren herzlich danken.

Danke

Aller guten Dinge sind drei – das dachten wohl die Verantwortlichen beim SWR und im Thorbecke-Verlag. Vielen Dank für das entgegengebrachte Vertrauen.

Es ist immer ein schönes Gefühl, im Studio zu stehen. Und das nicht (nur), weil ich so tolle Blumen dabei habe, sondern wegen all der Menschen hinter und vor den Kameras. Herzlichen Dank dem ganzen Team des SWR in Baden-Baden für die tolle kreative Zusammenarbeit und dafür, dass ihr mich gut aussehen lasst. Einmal extra Drücken für Claudia und danke für deine fordernde redaktionelle Unterstützung. Ein lieber Gruß gilt Nadine Weckardt für die gute blumige Zusammenarbeit.

Bedanken möchte ich mich für das angenehme Zusammenwirken im „altbewährten Team" bei meiner Lektorin Frau Dr. Janina Drostel und für ihre grafische Kreativität bei Saskia Bannasch.

Die Zusammenarbeit mit Conny Marx ist immer wieder unbeschreiblich. Unsere gemeinsame „Arbeit" an diesem Buch war eine wertvolle Zeit und hat viel Freude gemacht – auch wenn sie mich fast an die Gänse verfüttert hätte. Vielen Dank für zauberhafte Fotos, florales „Mithirnen", das Liegen im Staub und eine wundervolle Freundschaft.

Natürliche Blumenkreationen in natürlichem Umfeld – das war meine Grundidee. Am Fuße der Schwäbischen Alb wurden wir und die Idee herzlich aufgenommen.
Vielen Dank für offene Türen im Freilichtmuseum Beuren, auch an das ganze Team vor Ort. Mein besonderer Dank gilt der Leiterin des Museums, Frau Steffi Cornelius, welche diese Zusammenarbeit möglich gemacht hat.
Auch den Besuchern des Museums möchte ich fürs „aus dem Bild gehen" danken, für spontane Begeisterung und manch überraschten Blick „Sie sind doch der Gärtner aus dem Fernsehen…". Nein, nicht der Gärtner – der Florist! … aber egal.

An dieser Stelle sei auch allen Gärtnern und Floristen gedankt. Den Gärtnern, weil sie uns so wunderschöne Blumen wachsen lassen, und den netten Kolleginnen und Kollegen, welche bereit sind, Ihnen mal wieder die Blumen zu besorgen, die „der Holger" im Fernsehen gezeigt hat. Uns alle verbindet die Begeisterung für den gewachsenen Werkstoff.

Mein Dank gilt auch den Gänsen, welche mich dann doch nicht als Abendessen haben wollten.

Danke Jana ♥